COLÔNIA FLORESCER

COLÔNIA FLORESCER

PSICOGRAFADO POR

ANGELA COUTINHO

Coordenação e Prefácio do Espírito

EMMANUEL

Edição revisada e atualizada

NOVA ERA

CIP-BRASIL. CATALOGAÇÃO-NA-FONTE
SINDICATO NACIONAL DOS EDITORES DE LIVROS, RJ.

Cláudio (Espírito)

C553c Colônia Florescer / ditado e clareado graficamente pelo
2. ed. Espírito Cláudio, desencarnado em 1996, em trabalho conjunto com o Grupo de Comunicação Espiritual ; coordenação do Espírito Emmanuel ; psicografado por Angela Coutinho. — [2.ed.] (ed. rev. e atualizada). — Rio de Janeiro : Nova Era, 2010.

ISBN 978-85-7701-350-0

1. Espiritismo. 2. Obras psicografadas. I. Emmanuel (Espírito). II. Coutinho, Angela. III. Título.

10-5552. CDD: 133.93
CDU: 133.9

Texto revisado segundo o novo Acordo Ortográfico da Língua Portuguesa.

Título original:
COLÔNIA FLORESCER

Capa: Valéria Teixeira
Editoração eletrônica: FA Editoração

Direitos exclusivos de publicação em língua portuguesa
para o Brasil reservados pela
EDITORA NOVA ERA um selo da EDITORA BEST SELLER LTDA.
Rua Argentina, 171, — Rio de Janeiro, RJ — 20921-380 —
Tel.: 2585-2000

Impresso no Brasil

ISBN 978-85-7701-350-0

Sumário

Prefácio

Trazemos um objetivo

Todos nós trazemos objetivos a cada etapa de vida. Enfocamos um caminho a ser percorrido em nossas diversas fases de luta nas esferas carnais e físicas e nos planos espirituais.

Normalmente, a Espiritualidade é articulada pelos maiores emissários de Jesus e pelas luzes do Criador.

Estamos, neste momento, trazendo mais um objetivo a termos; estamos tentando enfocar mais precisamente a vida espiritual e, neste particular, temos muito a lançar e esclarecer; estamos habituando a todos da humanidade a se ver como seres espirituais e a aprender a locução espiritual a que nos sentimos envolvidos.

Realmente, a face da Terra precisa cada vez mais desses esclarecimentos, pois a ânsia de desbravar os limites conhecidos pelo homem e pelas almas é muito grande.

Observando nitidamente esses aspectos, propusemo-nos a alastrar, nesta etapa de vida em que vivemos, a visão global e particular das esferas espirituais e a dispor a vocês a vida nas Colônias Espirituais. Todos estes enfoques foram trazidos por Espíritos amigos que se fizeram participantes dos esclarecimentos.

A alma amiga deste jovem partidário das verdades, o Espírito pleno de condições de alastramentos maiores, chamou-nos a atenção e o convidamos a se fazer mais atuante e abrir os véus de parte das vidas espirituais que são conjugadas na Colônia Florescer.

A Colônia Florescer é composta de jovens e crianças com idade até 25 anos, mais ou menos; é composta de 11.500 Espíritos em trânsito a seus planos espirituais e por crianças ainda em formação espiritual.

Esse jovem Espírito, que se chama Cláudio, manteve-se em vida conjunta a diversos irmãos da Colônia e pôde prestar o seu depoimento ao Grupo de Comunicação Espiritual por necessidade de localizar mais uma cidade de vida espiritual e de ilustrar como versam essas vidas afastadas de seu veículo físico.

Portanto, meus irmãos, estamos abrindo, mais uma vez, a terra espiritual a vocês.

Aqueles que souberem acolher com carinho, entendimento e amor, busquem dentro dessas respostas e elucidações as suas certezas, e que possam acolher cada palavra com a plena convicção de que todo esse depoimento foi colhido através da alma simples e pura de um Espírito que hoje, em evolução maior, nos acompanha em trabalho de doação e amor.

Que a esperança possa se aliar às vossas almas e que possam saber que o lar de cada um de nós nos espera e nos acolherá no momento certo de nossa transferência, da esfera terrena para o plano espiritual.

Emmanuel

As delineações deste trabalho

As delineações deste trabalho foram feitas pela irmã coordenadora do Grupo de Comunicação Espiritual que através de nossa orientação soube equilibrar as diversas disposições, ocupando-se em trazer a psicografia de irmãos para enfeitar e atender às necessidades de esclarecimentos.

Ao enfoque ilustrativo intentamos a alma de um irmão colaborador que, dentro de sua arte e atendendo às colaborações dos irmãos desencarnados, pôde ampliar as figuras e as disposições dos ambientes espirituais.

Nem todos trabalham sozinhos e, assim, também tivemos a cooperação de mãos amigas a dividir a documentação em elaboração de perguntas e tônicas desta interessante narrativa.

Porém, queremos agradecer ao irmão Cláudio, que por se ter tornado parte positiva deste trabalho nos trouxe a palavra simples e sincera, a visão particular, mas ampla, da vivência fora da matéria bruta, colocando o médium que o recebe como colaborador e sincero amigo das verdades espirituais.

A todos os irmãos que nos engrandecem com suas perguntas, queremos dizer que o futuro de todos será delineado nas esferas terrenas, mas que nesse aprendizado contínuo a nossa verdadeira tese será prestada em planos espirituais.

Que deste conteúdo muitos possam arrebanhar os ensinamentos e esclarecimentos necessários para uma melhor compreensão da vida, da vida em plenitude e abundância a que o Pai nos destinou.

Emmanuel

ILUSTRAÇÃO **1 – Cláudio**

Do desencarne à Florescer...

Os primeiros contatos de Cláudio com o Grupo

Espírito sensível e necessitado, Cláudio se apresentou ao Grupo de Comunicação Espiritual em reunião mediúnica ainda confuso e insulado em seus momentos de transição entre os mundos.

A dedicação das almas encarnadas, o carinho e a presteza foram mostrando a ele a realidade e a necessidade de se ver como Espírito em continuidade de vida.

Seu relacionamento com o Grupo foi se tornando o de um amigo querido e ansiado, e hoje nos dá, claramente, marcas desse relacionamento, sempre pronto a colaborar e a abraçar causas difíceis.

Henrique Karroiz

1) *Pode nos dizer o seu nome e como você desencarnou?*

R.: Meu nome é Cláudio. Desencarnei em 1996, em um desastre rodoviário na cidade de São Paulo.

2) *Como você está?*

R.: Estou bem.

3) *O irmão Emmanuel, dirigente do trabalho desenvolvido pelo Grupo de Comunicação Espiritual, permitiu que você viesse falar conosco?*

R.: Sim. Emmanuel me deixou vir. Eu pedi a ele.

4) *O que você deseja falar? Quer enviar uma mensagem para alguém de sua família?*

R.: Não, não quero que falem com ninguém. A minha mãe já está melhor e eu vou até lá no próximo sábado.

> "Mães, presentes ou ausentes, autênticas ou assumidas, apenas Mães. O enlevo de alma a se fazer em doação e amor. Apenas a recíproca e verdadeira forma de saber concretizar o maior dos sentimentos. Apenas um pedaço dos céus... diante de nós."
>
> *Henrique Karroiz*

5) *Veja quantos irmãos estão aqui. Você pode falar sem a mão cobrindo os olhos? Quer que reduzamos a intensidade da luz?*

R.: Não, está bom. Gosto de ficar assim. Meu olho dói, coça, sei lá.

6) *Por que a luz te incomoda?*

R.: A luz artificial me incomoda, mas em um sol de meio-dia eu consigo abrir os olhos.

7) *O que você tem feito no plano espiritual?*

R.: Tenho conversado com muita gente, com vários jovens.

8) *Onde você se encontra? Em uma Colônia?*

R.: É, há pouco tempo.

9) *Você veio primeiro para cá e daqui estes amigos o levaram para a Colônia?*

R.: Sim.

10) *Quem o levou?*

R.: Emmanuel e Henrique Karroiz.
(Henrique Karroiz é o mentor espiritual da Coordenadora do GCE.)

11) *O nosso irmão Emmanuel conversa com você?*

R.: Não, ele só faz assim *(gesto afirmativo com a cabeça)*. Ele não fala comigo, somente com vocês.

12) *Você acha que estamos proporcionando alguma ajuda através das reuniões?*

R.: Vocês não têm ideia. Viram como eu estava na primeira manifestação? Estava desesperado, não sabia onde estava, nem o que estava fazendo ali, não me lembrava de nada. Lembram-se? Hoje, estou bem melhor, graças a vocês. Só tenho a agradecer a todos que estão aqui.

> "Despertemos, amigos, hoje, e, conscientemente, optemos por ultrapassar as estreitas passagens, pois elas serão as que nos trarão as grandes oportunidades de elevação, levando-nos ao encontro da grande família universal a que pertencemos, pela consanguinidade cósmica."
>
> *Henrique Karroiz*

13) *Cláudio, a contribuição que você está dando é muito grande. São depoimentos muito interessantes. Você conhecia a Doutrina Espírita antes de desencarnar?*

R.: Não. Só tenho a agradecer. Gosto de estar aqui.

14) *Podemos fazer algo para ajudar você ainda mais?*

R.: Não sei. Não preciso de mais nada. Estou superbem. Agora, só o tempo.

15) *Estamos muito felizes por podermos ajudar, mesmo sabendo ser uma pequena parte de um grande movimento de ajuda.*

R.: Emmanuel me disse que eu posso vir aqui de vez em quando, mas não vou me comunicar a qualquer hora. Vou saber o momento em que posso falar.

16) *Sabe que gostamos muito de você?*

R.: Sei. Também gosto muito de vocês. É pena que nem todos possam participar de todas as reuniões. *(Referindo-se às reuniões mediúnicas que o Grupo realiza, da qual nem todos podem participar por questões de equilíbrio.)*

17) *Cláudio, pode nos contar sua trajetória desde o dia do seu desencarne até agora?*

R.: Posso sim...

O desencarne

18) *Com quantos anos você desencarnou?*

R.: Vinte anos.

19) *No seu desencarne, algum parente ou amigo já desencarnado o recebeu?*

R.: Não.

20) *Qual era a sua religião antes do desencarne?*

R.: Eu era católico.

21) *Você ficou espantado quando desencarnou e constatou que ainda estava vivo?*

R.: Fiquei muito espantado. Mas estava feliz, não por estar vivo, mas por ter descoberto a vida espiritual.

> "Quando as luzes do palco se apagam, não quer dizer que o artista tenha de sair de cena, assim como quando as luzes da vida se desfazem, o Espírito não precisa se tornar à parte. Continuará sempre a trabalhar, a pensar, a usufruir de todos os préstimos que nos foram colocados como criaturas divinas."
>
> *Toulouse-Lautrec*

22) *O que você viu quando desencarnou?*

R.: Eu me vi ao lado. Vi tudo acontecer. Chegaram muitas pessoas em volta de mim e ninguém me via, só olhavam para o corpo caído no chão. Depois chegaram outras pessoas que, em vez de olhar para o corpo no chão, olhavam para mim. Isso me deixou muito confuso. É exatamente igual ao que acontece no filme *Ghost - Do Outro Lado da Vida*. O desespero era muito grande. Eu não sabia o que estava acontecendo. Queria falar com as pessoas, mas passava por dentro delas. Aí, fui adormecido e uma equipe me tirou de perto. Acordei em algum lugar com várias pessoas em volta de mim, e não sabia o que era, nem onde estava. Faziam-me curativos, mas eu não queria ficar ali, não conhecia aquelas pessoas. Eu queria voltar para casa. É horrível para quem não tem conhecimento nenhum, e eu não tinha. Até a primeira vez que apareci aqui, nas reuniões de vocês, eu não conhecia nada. Se eu estou onde estou agora, é graças a vocês. Eu devo a vocês. Vocês não podem se esquecer disso nunca!

Mas sabe que depois que passa é engraçado? Vocês sabem como o povo adora uma desgraça, não é? Junta muita gente para ver. E vocês já repararam que tem gente que parece que anda equipado? Em cinco minutos aparece uma vela. De onde eles tiram, eu não sei. Deve ter gente que anda com um *kit* defunto... Alguém tem sempre uma vela.

23) *Então, você ficou muito pouco tempo fazendo curativos nesse local para onde o levaram?*

R.: Foi só o tempo de eu acordar e ir embora.

24) *E voltou para sua casa?*

R.: É. E é muito triste. Ninguém olhava para mim, ninguém falava comigo. Você fica desesperado.

"Nossos lares são bênçãos onde o Pai nos possibilita crescer e aprender a nos amarmos, são centros de reprodução e renovação, e nós mesmos, dando-nos as possibilidades de renascimento na matéria densa, estaremos, por livre vontade e escolha, permitindo que o amor nos alcance, estaremos a buscar as almas afins com as quais iremos conviver em maiores comunhões de ideias e amor."

Henrique Karroiz

25) *Como foi essa volta para casa, saindo de um lugar que você não conhecia nem sabia onde ficava? Como foi essa volta? Foi só você pensar que queria estar de volta em casa e chegar rapidamente?*

R.: Não. Percorri todo um caminho.

26) *Viu quando sua família recebeu a notícia de seu desencarne?*

R.: Vi.

27) *O que você sentiu no enterro de seu corpo físico?*

R.: Eu senti loucura, senti raiva, senti medo. Não sei explicar. É um sentimento muito esquisito. Você já se imaginou vendo o seu próprio enterro? São sentimentos muito complicados.

28) *Você, já que dispensou os cuidados da Espiritualidade, continuou ferido ou os ferimentos "cicatrizaram"?*

R.: Cicatrizaram depois de muitos curativos, mas isso depois que aceitei ajuda outra vez. E isso foi aqui, com vocês.

29) *Você enxergava os irmãos espirituais que vinham em sua ajuda?*

R.: Muitas vezes, não. Não enxergava porque não queria enxergar.

30) *E foram vários a tentar ajudá-lo?*

R.: Muitas pessoas queriam me levar, mas eu não queria ir embora. A sensação que eu tinha era que, ao mesmo tempo que ninguém me via em casa, tinha gente tentando me arrastar de lá, me sequestrar.

31) *Como você chegou aqui em Petrópolis?*

R.: Eu fiquei muito tempo em casa e aí saí vagando, vagando, vagando, e os espaços são muito pequenos para alguns de nós. Um dia, vagando, vi uma luz muito forte e muita gente indo em direção a esse foco, fiquei curioso e vim também. Vocês ficam brincando que a piscina daqui é de água fluidificada, mas ela fica também muito iluminada. Fiquei ali fora no jardim. Depois, entrei lá por trás, e quando o irmão Eawston me viu, me levou para trás do médium que poderia me ajudar. Descobri que conseguiria falar através dele. Nunca ninguém havia me dito nada e por isso eu também nunca havia tentado. Eu fiquei muito emocionado, muito feliz por conseguir conversar com alguém.

(Eawston Silva era um membro do Grupo que desencarnou em 10 de agosto de 1995 e continua nos ajudando, agora em plano espiritual, nesse trabalho. É um grande amigo de todos.)

32) *Como você explica esse tempo todo buscando ajuda?*

R.: Eu não estava buscando ajuda. Não estava buscando nada. Era muito ruim, muito triste, mas eu precisava passar por isso. Nada é à toa.

"Não desperdicemos tempo, nem choros ou lágrimas copiosas, mas saibamos agradecer a Deus pelas nossas vergonhas e desmazelos estarem sendo lavados e escovados de nossos Espíritos; agradeçamos e louvemos os nossos sofrimentos, pois através deles é que iremos aprender a observar melhor e atuar como verdadeiros filhos de uma Grandiosidade Maior."

Emmanuel

33) *Você teve um crescimento espiritual maravilhoso. Tem tão pouco tempo que você está em uma colônia e já sabe tanto...*

R.: É, mas poucas pessoas chegam bem onde eu estou. Elas se negam a aceitar os fatos que lhes são impostos. É complicado. Eu passei por isso, lembro bem. É difícil você viver com seus pais, com seus filhos e, de repente, não tê-los mais. Você não se habitua a essa ideia de uma hora para outra, a não ser que tenha o esclarecimento que vocês têm hoje. Deem importância a isso.

A maioria das pessoas não tem nem um pouquinho do conhecimento que vocês têm. A gente vive escutando, por exemplo, as pessoas dizendo por aí que queriam morrer dormindo, sem saber que é a pior coisa que poderia acontecer. Essas pessoas não se desesperam quando isso acontece porque levantam da cama sem se darem conta de que estão mortas, nem olham para trás, e vão encontrar com a família, que ainda não sabe de suas mortes. Ninguém olha para elas, ninguém responde quando elas falam. É muito ruim morrer dormindo. É um choque para essas pessoas, claro! Não para vocês. Por isso mesmo, estudem o máximo que puderem, não deixem para amanhã.

"O amanhã deve justificar uma esperança, um anseio, sim, mas não podemos deixar tudo para o amanhã, pois o hoje se encontra à nossa disposição, e será através dos minutos que se apresentam a nós que precisamos nos sentir fortificados e realizados."

André Luiz

Na Colônia Florescer

Em necessidade de atendimento, Cláudio foi encaminhado à Colônia Florescer, situada na Zona Oeste do estado do Rio de Janeiro, sendo essa uma estação de recolhimento de jovens e crianças, até o momento próprio de uma transposição necessária à evolução.

Isso ocorreu a Cláudio, que em uma relação mais íntima com instrutores e outros irmãos tocou-nos com sua sensibilidade e força moral.

Envolveu-se bastante na ajuda a outros Espíritos em acolhimento nessa colônia, participando ativamente dos encontros do Grupo com elementos da Colônia, em instantes de beleza, fraternidade e consolo.

Sim, irmãos se fizeram ouvir através do Espírito Cláudio, que se tornou o mensageiro da Colônia Florescer.

Instrutores o acompanham, bem como outros irmãos, que vêm em grupo participar das reuniões do Grupo de Comunicação Espiritual, fazendo assim um elo de amor e amizade entre as dimensões.

Henrique Karroiz

ILUSTRAÇÃO 2 – A Colônia Florescer

A Colônia

34) *Qual o nome da colônia onde você está?*
R.: Colônia Florescer.

35) *Trata-se de uma colônia ou de um instituto?*
R.: Colônia e instituto são a mesma coisa. Vocês arrumam nomes demais para as mesmas coisas.

36) *Fale-nos sobre a Florescer.*
R.: É uma colônia de transição. Ficamos lá até nos sentirmos recuperados e restabelecidos e, então, vamos para outra colônia.

37) *Tente descrever a Colônia Florescer para nós.*
R.: É grande, tem tudo o que tem aqui.

38) *Você sabe a data de fundação da Florescer?*
R.: Sim. Sete de setembro de 1929.

39) *A Colônia Florescer é recente. Por que ela foi criada?*
R.: Não sei. Pode ser porque as outras já não comportavam todo mundo.

40) *Quem são os habitantes dessa Colônia?*
R.: A maioria jovens de até 25 anos, mais ou menos. A maioria desencarnada em acidentes.

41) *Para alguém que chegasse à Colônia Florescer para uma visita, qual seria a primeira impressão? O clima predominante é de tristeza, desalento, saudades ou tem muito da alegria da juventude?*
R.: É de felicidade.

"A preciosidade de uma vida não poderá ser somente vista no retorno aos planos espirituais, porém, muito mais na sua concepção como obra elaborada por Deus e em livre encaminhamento ao progresso individual, como ser eterno e pronto a emancipações mais amplas."

Emmanuel

42) *Cláudio, esclareça-nos um pouco sobre as colônias em geral. Uma colônia pode mudar de lugar?*

R.: Não. É fixa. *(Cláudio não tem ainda um conhecimento maior sobre a movimentação de colônias ou de suas modificações e necessidades.)*

43) *Existe a possibilidade de uma colônia ser desativada?*

R.: Não. É pouco provável.

44) *Como se constrói uma colônia? De quem é a decisão de construir uma colônia?*

R.: A decisão vem dos Espíritos Superiores. Eles manipulam a natureza.

45) *Quando a Terra passar por uma regeneração, as colônias também passarão?*

R.: Não. Ficarão e se manterão imóveis, e no mesmo local.

"Existe uma necessidade do plano terreno conhecer os diversos planos espirituais, saber que a vida continua, e que a morte é uma ilusão, apenas uma aparência um pouco deprimente desta ultrapassagem."

Emmanuel

46) *Todos que estão lá têm essa noção de que a permanência na Colônia é passageira?*

R.: Sim. E o tempo depende da bagagem espiritual.

47) *Qual o tempo máximo que um Espírito já ficou lá?*

R.: Tem uns que estão lá há dez, 15 anos. Que eu tenha conhecimento, isso é o máximo.

48) *Existem Espíritos que já têm um grau de evolução suficiente para não precisarem passar por uma colônia de transição?*

R.: Sim, existem.

49) *Como é a Colônia em relação à cor?*

R.: A Colônia é toda de uma mesma cor.

População

50) *Qual a população da Colônia?*

R.: A Colônia Florescer deve ter, por baixo, cerca de 10 mil crianças e jovens. As idades variam até aproximadamente 25 anos.

51) *Quem vai para a Florescer?*

R.: Vão para a Florescer os que têm idade espiritual de até 25 anos, mais ou menos, vão Espíritos jovens e infantis. O que conta é a idade espiritual, mas o fato de alguém ser espiritualmente infantil não significa que vá para a Florescer como uma criança. Isso depende de muita coisa.

52) *Então, a Florescer é uma colônia para idades espirituais de até aproximadamente 25 anos? Uma pessoa que desencar-*

ne com oitenta anos e tenha um Espírito jovem vai para lá com a aparência de oitenta anos?

R.: Sim, só muda quando assume sua personalidade espiritual.

53) *Quando se fala que a Florescer é uma Colônia para jovens, imaginamos que os habitantes de lá têm aparência de jovens. Mas, segundo o que você nos disse, existem pessoas com aparência de várias idades?*

R.: Sim. Uma pessoa pode desencarnar velho em idade terrena e ter um Espírito jovem, ir para a Florescer e continuar lá com essa aparência mais velha até assumir a sua personalidade espiritual, ou seja, sua individualidade. Outra pessoa, que desencarne aqui como jovem, pode não ser jovem espiritualmente e não ir para a Florescer.

54) *Os Espíritos jovens que morrem no Brasil vão todos para a Florescer ou existem outras colônias de transição para brasileiros?*

R.: Existem inúmeras colônias de transição para brasileiros.

55) *Existe um controle sobre o número de habitantes da Florescer?*

R.: Sim, existe. Exatamente por isso existem outras colônias de transição. Existem várias colônias, em várias áreas, para abranger todo o Brasil. No Rio de Janeiro existem várias colônias na mesma altitude da Florescer, ao lado, em cima, embaixo, várias.

56) *Por existirem várias colônias de transição para brasileiros, como se decide quem vai para onde?*

R.: Pode ser pela localização, pelo tipo de desencarne.

57) *Existe uma colônia que supervisiona, que coordena todas as outras?*

R.: Existe, mas não me pergunte qual.

58) *Na Florescer existem bebês?*

R.: Não. Nossa mascote deve ter uns três aninhos. Bebês vão para outra colônia.

59) *Existem crianças excepcionais na Florescer?*

R.: Não. Existem colônias especiais, que ficam bem próximas à Terra. São colônias para reabilitação de suicidas, basicamente.

60) *Existem negros na Colônia?*

R.: Sim.

61) *Então, no mundo espiritual não existe todo esse preconceito que estamos acostumados a ver aqui? Os espíritos que desencarnam negros continuam negros na Espiritualidade ou têm vontade de ser brancos?*

R.: Não existe preconceito.

62) *Existe alguém na Colônia proveniente do Umbral?*

R. Existe. Existe muita gente.

63) *É comum chegarem à Florescer irmãos suicidas?*

R.: Sim, é comum.

64) *Como são separados os membros da Colônia? Por grau de evolução espiritual, por sexo ou por idade terrena?*

R.: Por bagagem espiritual.

65) *Existem, na Colônia, Espíritos provenientes de outros países?*

R.: Que falam outras línguas? Não. Todos falam português, mas para toda regra existe uma exceção. Os que moram em outros países têm colônias apropriadas à sua cultura, sua língua e tudo mais.

66) *E no caso dos estrangeiros que vivem aqui no Brasil há muitos anos e se sentem realmente brasileiros?*

R.: Embora tenham nascido em outro país, os estrangeiros que aqui vivem, que aqui se fixam, têm uma afinidade muito grande com a nossa terra. É praticamente como se tivessem nascido aqui, tamanha a afinidade.

67) *E aqueles que na penúltima encarnação foram brasileiros e reencarnaram em outros países, viveram e morreram lá, mas têm muita afinidade com este país?*

R.: Provavelmente voltarão.

68) *E se um de nós morresse no Japão, voltaria para cá?*

R.: Provavelmente. Até porque, se ficasse lá, não iria entender nada. Fiquem tranquilos.

69) *O pessoal fixo da Colônia, isto é, os instrutores, dirigentes, guardas, permanecem na Colônia com suas famílias ou estão em missão?*

R.: Estão em missão.

70) *Você conhece alguém na Colônia que já tenha vivido em outras encarnações em outro planeta?*

R.: Não. Não conheço, mas isso existe.

"O progresso reencarnacionista, como luz a nos ajudar a enxergar melhor a nós mesmos e as próprias contingências que envolvem todas as naturezas criadas por Deus, nos apresentará, lentamente, de acordo com a nossa boa vontade, persistência e sensibilidade, onde iremos encontrar a felicidade, esse estágio íntimo, parcial ou total, a nos libertar dos excessos e das ilusões."

Henrique Karroiz

71) *Existem jovens na Florescer que foram padres enquanto encarnados?*

R.: Existem muitos rapazes que frequentavam seminários, teologia. Eles chegam lá e se negam a aceitar, mas depois aceitam.

72) *Como se distinguem os instrutores dos demais membros da Colônia?*

R.: Os instrutores usam crachás e vestem a mesma roupa.

Localização

73) *Sabe nos dizer qual a localização da Florescer em relação a nossos mapas?*

R.: Fica em cima de Jacarepaguá e Recreio dos Bandeirantes, na Zona Oeste do Rio de Janeiro.

74) *Fica sobre a terra ou sobre o mar?*

R.: Uma parte sobre a terra e outra sobre o mar, acima da lagoa da Barra da Tijuca.

75) *Qual a altitude da Florescer?*

R.: Mais ou menos 1.800 metros.

76) *Você disse que existem várias outras colônias próximas à Florescer. Quando você passa pelo portão da Florescer e olha para fora, você vê uma imensidão deserta ou outras construções (outras colônias)?*

R.: Vejo céu. Você só vê o que tem embaixo.

77) *Da Florescer vocês veem a movimentação dos bairros terrenos abaixo? De Jacarepaguá, por exemplo?*

R.: Vemos.

78) *Você diz que dá para ver o que acontece nos bairros terrenos que se situam abaixo da Colônia. Como é? É só olhar para baixo?*

R.: Daqui a pouco vocês vão querer CEP, caixa postal... Brincadeira! É só olhar para baixo. Alguns olham para baixo e veem grama, chão; outros olham para baixo e veem grama, chão, mas também veem o que tem embaixo.

79) *Mas não escutam?*

R.: Bem baixinho.

80) *A Florescer é bastante baixa em relação à Terra. Aviões passam nessa altura. Os habitantes da Florescer veem esses aviões?*

R.: Sim, eles passam por dentro da Colônia.

81) *Como assim por dentro da Colônia? No meio de todos vocês? E não atrapalha, não incomoda?*

R.: Passam muito rápido. Quem não presta atenção, não percebe. Eles não estacionam lá na Colônia para ficar olhando para a nossa cara.

82) *E o barulho é muito grande?*

R.: Não

83) *Médiuns videntes, dentro de um avião que passe pela Florescer, podem ver alguma coisa?*

R.: Podem ver tudo. Mas não sabem que ela existe, por isso não prestam atenção e não veem.

84) *Quando acontece uma tempestade na área em que se situa a Florescer, vocês sentem isso lá. Isso incomoda?*

R.: Alguns não gostam, mas têm que se acostumar, porque os raios passam no meio da Colônia. No início, nos assustamos.

85) *Poderia localizar a Colônia Florescer em relação à Colônia Nosso Lar?*

R.: A Nosso Lar fica bem mais alto. Onde estou é bem baixo.

86) *Quando o Brasil foi descoberto, já existiam colônias aqui por cima?*

R.: Já. Isso foi uma coisa que eu sempre discuti quando era pequeno, na escola, depois que minha mãe me ensinou. O Brasil foi descoberto em 1500 por Cabral, mas quando ele chegou já tinham índios morando aqui há muito tempo.

Administração

87) *A Colônia é dividida em Ministérios ou Departamentos?*

R.: Ministérios.

88) *Sabe nos dizer os nomes de alguns desses Ministérios existentes na Colônia?*

R.: Sim. Ministério da Reencarnação, do Esclarecimento, da Comunicação. Tem todos os que têm em Nosso Lar.

89) *Os responsáveis pelos Ministérios são vistos com frequência, andam entre os demais habitantes?*

R.: Não. A maioria dos habitantes não sabe nem quem são eles, só os conhece de nome.

90) *Quem fundou a Colônia?*

R.: A única coisa que posso dizer é que a Florescer foi fundada por um brasileiro.

91) *Quem é o governador da Colônia?*

R.: Não posso dizer seu nome, mas Emmanuel também "manda" muito.

92) *Emmanuel seria um dos dirigentes da Colônia?*

R.: Acho que sim. Ele é muito acima dos instrutores, logo abaixo do governador. Seria um dos diretores.

93) *Emmanuel dirige essa Colônia e outras, não é?*

R.: É... Manda quem pode, obedece quem tem juízo.

94) *Quando vocês chegam à Colônia são, de alguma forma, cadastrados?*

R.: Sim, somos.

ILUSTRAÇÃO 3 – A Entrada da Colônia

95) *Como seriam essas fichas de cadastro?*

R.: Não sei. Eu sei que fizeram o meu cadastro, mas não me perguntaram nada.

96) *Quem decide o momento de deixar definitivamente a Colônia?*

R.: Nós mesmos.

97) *E quem autoriza?*

R.: No meu caso, adivinhem? Emmanuel! Mas os instrutores também podem autorizar.

98) *E quais são os critérios?*

R.: São vários. Evolução espiritual adquirida, idade superior...

99) *Se um Espírito não quer ficar na Florescer, sua permanência na Colônia é imposta pelos instrutores ou o Espírito pode sair?*

R.: Depende da própria vontade. Não existe uma prisão. O Espírito que desencarna poderá ficar em seu próprio plano terreno e não querer sair de lá, assim como poderá aceitar ajuda. Às vezes, mesmo tendo essa ajuda, ele poderá se afastar.

> "Só a vontade é suficientemente forte para sustentar a harmonia do Espírito."
>
> *Emmanuel*

100) *Vocês ganham bônus-hora por trabalhos na Colônia?*

R.: Eu não, porque não desempenho nenhuma função específica, mas as pessoas que trabalham, recebem normalmente.

101) *É adotado, na Colônia, algum sistema que determina horas diárias de trabalho?*

R.: Não.

102) *E como você sabe que está na hora de trabalhar?*

R.: Na hora em que aparecem coisas para fazermos, nós sabemos que está na hora de trabalhar.

103) *Mas isso é coordenado? Tem uma escala? Cada um é encarregado do seu quarto, por exemplo?*

R.: Sim.

Disposição interna / ambientes

104) *Quantas entradas tem a Colônia?*

R.: Só existe uma entrada, e é muito bonita. Tem duas pilastras grandes de pedra com um portão de ferro no meio.

105) *Existem muros cercando a Colônia?*

R.: Sim, destinados a evitar a entrada de Espíritos que não são da Colônia.

106) *Existe alguma outra proteção para a Colônia, além dos muros?*

R.: Existem guardas que se revezam na proteção da Colônia. São escalados exatamente para evitar a entrada de estranhos.

107) *Que tipo de construção existe na Colônia?*

R.: São construções bem antigas. De pedra, tipo gótico.

108) *A Colônia é composta de várias construções, como uma cidade terrena?*

R.: É composta de um prédio imenso, que possui uma área interna muito grande e jardins ao redor. Atrás tem um lago.

109) *Quantos andares tem o prédio da Florescer?*

R.: São muitos, muitos, muitos. E vocês devem perceber pelo desenho que o irmão fez que não dá para vê-los, não é? É que eles ficam para baixo. Aliás, ele desenha mal, não? *(Brinca com o irmão do Grupo que o retratou e também à Colônia.)*

110) *Os Ministérios encontram-se separados ou no mesmo local?*

R.: No mesmo local.

111) *A sessão destinada aos arquivos pretéritos dos habitantes da Colônia está ligada a algum Ministério? Qual?*

R.: Sim. Ao Ministério do Esclarecimento.

112) *Existem, na Colônia, áreas destinadas ao lazer?*

R.: Existem, na parte de trás, uns parques para as crianças, mas elas não usam muito.

113) *E para os jovens?*

R.: A área interna da Colônia.

114) *Existe cinema, teatro?*

R.: Sim, existe.

115) *Existe sala de música?*

R.: Também.

116) *E existem indicações para todos esses ambientes?*

R.: Sim, existem placas nas portas.

117) *Na Florescer existem oficinas, fábricas?*

R.: Não. Tudo o que usamos é importado. A Florescer não produz nada, importa tudo.

118) *Todos os habitantes têm acesso a todos os lugares da Colônia ou existem áreas restritas?*

R.: Existem muitas áreas restritas.

119) *Vocês vivem em casas como as daqui?*

R.: Em quartos grandes.

120) *Quantas pessoas em cada quarto?*

R.: Cada um tem seu próprio quarto.

121) *E esses quartos são parecidos com os daqui?*

R.: São iguais. Têm móveis como os daqui, cama, tudo isso.

122) *E os colchões das camas são macios?*

R.: Ah... Alguns são macios, outros são duros. É que nem aqui. O meu é macio.

123) *O que mais existe nos quartos, além dos móveis?*

R.: Existe escova de dentes, travesseiro e tudo o que costuma existir nos quartos daqui, mas só usamos o que achamos necessário.

124) *Cada quarto tem um banheiro?*

R.: Sim.

125) *Moças e rapazes são separados em alas?*

R.: Sim.

126) *Por que, se os quartos são individuais?*

R.: Porque é esquisito quando você sai e dá de cara com outra pessoa e você está com a cara amassada de sono. Mas isso só acontece assim que chegamos, depois podemos nos misturar. É só até nos acostumarmos.

127) *Pelo que vimos no desenho feito pelo nosso irmão, intuído por você, os quartos ficam em um grande corredor, com várias portas iguais. Como você sabe qual é o seu quarto? Tem alguma identificação?*

R.: Não. Sabemos, mesmo sem identificação, onde ficam nossos quartos. Não ficamos perdidos.

128) *Os quartos estão sempre arrumadinhos ou existem Espíritos bagunceiros?*

R.: (*Cláudio ri, acusando-se.*) Existem Espíritos bagunceiros.

129) *As crianças têm acomodações diferenciadas ou ficam também em quartos individuais?*

R.: Algumas ficam em quartos separados porque precisam de tratamento individual e outras vão para quartos coletivos, onde ficam vinte, trinta crianças, separadas por idade.

O quarto de Cláudio

130) *É possível intuir o nosso irmão desenhista para que ele desenhe o seu quarto?*

R.: Sim. Eu já falei que pediria isso a ele.

131) *E como isso se daria?*

R.: Vou falar para ele como é através da psicofonia.*

132) *Como é o seu quarto?*

R.: Bem grande e espaçoso. Tem uma janela, um guarda-roupa e a minha cama.

133) *Ele fica trancado? Tem chave?*

R.: Não, mas tem fechadura e maçaneta.

134) *O seu quarto fica perto do quarto do Bernardo? No mesmo andar? (Bernardo é outro amigo espiritual do Grupo — desencarnado em 1996, também em acidente —, que se encontra na mesma Colônia.)*

R.: Sim. É no mesmo andar, e perto do dele.

135) *Os habitantes frequentam os quartos uns dos outros?*

R.: Sim, fequentamos os quartos uns dos outros.

---

* Processo em que o espírito comunicante fica ao lado do médium, que se afasta em corpo espiritual, para que o espírito se aproxime e manipule seu corpo físico (através de sua mente) como se fosse seu fantoche, colocando-se ao campo vibracional e energético do médium e assim promovendo as diversas manifestações mediúnicas. (*N. da A.*)

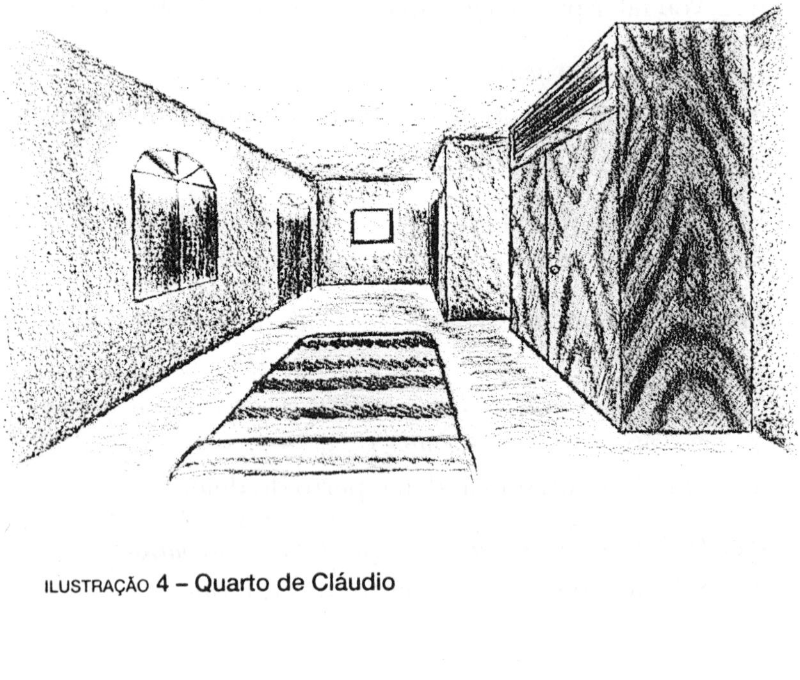

ILUSTRAÇÃO 4 – Quarto de Cláudio

Semelhanças com o Plano Terreno

"Em todos os ângulos e aspectos encontraremos diversidade de seres, seja no humano terrestre ou no iluminado astro mais distante. A tudo se dá o nome de essência única e vital incorporada a uma substância indelével ou firmemente atuante por várias outras substâncias."

Emmanuel

136) *Existem insetos na Colônia?*

R.: Não.

137) *Animais selvagens?*

R.: Não.

138) *Animais domésticos?*

R.: Existem cachorros, gatos, esquilos nas árvores, araras, borboletas...

139) *Alguns desses animais ficam dentro da Colônia?*

R.: Não ficam dentro da Colônia, ficam nos jardins. Já pensou um cavalo na porta da governadoria?

140) *Eles se alimentam?*

R.: Sim.

141) *E se comportam como os animais encarnados?*

R.: Quase sempre sim. Mas os cães, por exemplo, não rosnam ou avançam. Eles fazem isso aqui na Terra por instinto de preservação e autodefesa.

142) *Eles pertencem a alguém na Colônia e vivem com essa pessoa ou vivem soltos por toda a Colônia?*

R.: Alguns pertencem a alguém, outros, não.

143) *Tem algum animal que tenha acompanhado seu dono terreno até lá, depois do desencarne?*

R.: Tem, mas não é muito comum.

144) *Você saberia nos dizer como são "escolhidos" esses animais que permanecem nas colônias? Porque a maioria desencarna e reencarna automaticamente, não é?*

R.: Não, eu não sei dizer.

145) *Cláudio, vamos enumerar uma série de objetos existentes no plano terreno e gostaríamos que você dissesse se eles existem lá também, ok?*

R.: Isto está igual àquelas brincadeiras dos programas de tevê. Brincadeira! Vamos lá!

> "Ser alegre é ser expansivo em seus sentimentos, é ilustrar a vida com momentos diluídos para que haja um equilíbrio maior, e nessa convivência de alegrias e tristezas o caminho possa ser mais bem-aceito e equilibrado."
>
> *Emmanuel*

146) *Brincadeiras?*

R.: Tem.

147) *Abajur?*

R.: Tem.

148) *Espelho?*

R.: Sim. E a gente se enxerga neles! Tem um no meu quarto.

149) *Gravata?*

R.: Tem.

150) *Campainha?*

R.: Campainha? Não. Mas tem sino.

151) *Quadros nas paredes?*

R.: Sim. Tem quadros de Toulouse lá. São diferentes dos que ele faz aqui na reunião. *(Referindo-se ao pintor francês Toulouse-Lautrec, hoje grande amigo e doutrinador, em nossas reuniões de desenvolvimento mediúnico e de doutrinação.)**

152) *Mesa, cadeira, poltrona?*

R.: Tem tudo.

153) *Flor?*

R.: Lá tem.

154) *Lua?*

R.: Tem, mas lua não é um objeto.

155) *Relógio?*

R.: Sim.

---

* O Espírito Toulouse-Lautrec foi uma personalidade vivenciada pelo atual mentor dos trabalhos do GCE e guia espiritual da irmã dirigente, Henrique Karroiz. (*N. da A.*)

156) *Lenço?*
R.: Tem.

157) *Mas precisam limpar o nariz lá?*
R.: Não.

Alimentação

158) *Como é a alimentação?*
R.: É engraçado. Não se come por sentir fome. Come-se por comer, por estar acostumado a comer.

159) *Comem por hábito, não é?*
R.: Sim, por hábito. Bebemos muita água.

160) *Você, que está há pouco tempo na Colônia, ainda sente falta de comida?*
R.: Mais ou menos. Como só um pouquinho.

161) *Todos se alimentam da mesma forma ou os tipos de alimentação estão relacionados à bagagem ou evolução espiritual de cada um?*
R.: À medida que se evolui, a vontade vai sumindo. A alimentação vai sendo reduzida gradativamente. Quando cheguei à Colônia, bebia mais de um litro de água por dia. Hoje estou bebendo menos.

162) *Que tipo de alimentação existe?*
R.: Frutas, feijão, arroz, enfim, tudo o que existe aqui. A não ser essas besteiras que vocês comem como macarrão instantâneo, batata frita empacotada, essas coisas...

163) *Mas existe doce?*

R.: Existe.

164) *Então, os gulosos que adoram sorvetes, bolos...?*

R.: Continuam comendo tudo isso lá.

165) *Tem refrigerante?*

R.: Não.

166) *Existem Espíritos gordos?*

R.: Existe gente gorda, sim.

167) *Toda a alimentação é fluídica, não é?*

R.: Fluídica. É a mente que cria.

168) *O odor é diferente?*

R.: O cheiro é outro, sim.

169) *E o gosto?*

R.: O gosto também é outro. A água, então, é completamente diferente.

170) *Vocês mastigam?*

R.: Mastigamos, claro. Como é que você vai comer uma maçã inteira sem mastigar?

171) *Existem refeitórios?*

R.: Sim.

172) *Existem horários definidos para os que ainda se alimentam comparecerem ao refeitório?*

R.: Não.

173) *Chega cada um em um horário diferente? Isso não é complicado para quem fornece a alimentação?*

R.: A comida não precisa ser feita, está sempre pronta.

174) *De onde provém a água da Colônia?*

R.: Do lago.

175) *Como é feito o abastecimento de alimentos? Onde são produzidos?*

R.: O local exato eu não sei. Chegam pelo aeróbus, são importados. Existem colônias que os produzem e exportam para a Florescer.

176) *Quando comemos no início ou final das nossas reuniões, incomodamos vocês?*

R.: Não.

177) *Mas você sente vontade de comer também?*

R.: Não. Apenas gosto do cheiro do café.

Vestuário

178) *Como você está vestido hoje? Pode nos descrever?*

R.: Ninguém está me vendo?

179) *Não vejo, mas acho que está de camisa branca.*

R.: Estou. É exatamente igual à que o meu médium está vestindo. Estou com uma calça clara.

180) *E sapatos?*

R.: Estou descalço.

181) *Descalço? Emmanuel anda descalço também?*

R.: Não. Anda de sapatos.

182) *Como você consegue as roupas?*
R.: Eles nos dão.

183) *E você pode escolher entre vários tipos?*
R.: Posso escolher. De vez em quando, eles nos pegam de surpresa. Entramos no quarto e encontramos várias roupas em cima da cama. Separamos as que queremos e guardamos. As que não queremos, levam de volta.

184) *E essas roupas são confeccionadas lá ou também são importadas?*
R.: São importadas, como tudo na Florescer.

185) *Vocês usam roupas íntimas?*
R.: Sim. Usamos roupas como na Terra. Tanto homens quanto mulheres usam roupas íntimas.

186) *Usam pijamas para dormir?*
R.: Alguns, sim.

187) *Existe lavanderia na Colônia?*
R.: Existe.

188) *As roupas ficam sujas?*
R.: Sim, mas não é sujeira nossa não. É sujeira externa. É engraçado, tem muita coisa lá que não é de lá. A poeira, por exemplo, não é de lá, é de vocês!

Tratamento médico

189) *Existe um hospital para os que chegam debilitados na Florescer?*

R.: Sim, existe.

190) *E como é?*

R.: É igual aos hospitais de vocês. Tem sala de emergência, sala de espera, tudo isso.

191) *Como é o tratamento médico que lhe é administrado na Colônia, em face do acidente ocorrido no seu desencarne?*

R.: Fazem curativos na minha testa.

192) *Você toma remédios na Colônia?*

R.: Nunca tomei nenhum tipo de remédio na Colônia.

193) *Que tipo de curativos?*

R.: Não sei. Usam água, um pano e depois põem a mão.

194) *Aqui usamos gases, esparadrapos etc. Lá também tem tudo isso?*

R.: Tem.

195) *E estes curativos são feitos em horas determinadas, como aqui na Terra?*

R.: Depende do ferimento.

"As configurações humanas, como as espirituais, são exposições de nossos atos e pensamentos, e, deste modo, tudo que se retrata física ou mentalmente, impresso foi em algum instante de nosso viver atual ou de pretérito."

Emmanuel

196) *Você pode adquirir algum tipo de doença lá na Colônia ou os tratamentos são só para os que chegam lá debilitados?*

R.: Não. Não existem doenças lá.

197) *Existem Espíritos desencarnados com deficiências físicas e que, por ainda não conseguirem se libertar dessas sensações, usam muletas, por exemplo?*

R.: Existem. Existem macas, muletas, cadeiras de roda...

198) *Existem muitas enfermeiras na sua Colônia?*

R.: Muitas.

199) *Na Colônia usam as cores para a cura?*

R.: Usam.

200) *Os que fumam têm o cigarro retirado de uma só vez ou continuam sendo abastecidos de cigarros até que se acostumem sem ele?*

R.: Vai sendo retirado gradativamente, e quando não se obtém resultado desse jeito, retira-se de uma só vez.

201) *O tratamento para viciados em drogas tem também a retirada gradativa?*

R.: Depende do caso, é de viciado a viciado. Há alguns casos em que conseguem retirar de uma só vez, assim como o cigarro.

202) *O mesmo processo se aplica às bebidas alcoólicas?*

R.: Sim.

203) *Quando desencarnam, vão todos para um hospital ou somente em caso de acidente?*

R.: Vão quando querem.

204) *Quando o Espírito é adormecido, visando amenizar a sua dor, a decisão é do Espírito ou do assistente?*

R.: É adormecido por necessidade. Dependendo do estado em que se encontra o Espírito. Às vezes, é tão grave e está com a mente tão turbulenta que se faz necessário o adormecimento.

205) *No caso de suicidas, apenas enfermeiros e médicos os tratam ou os demais membros da Colônia também tentam ajudar?*

R.: Só o pessoal habilitado. Existem enfermeiros especializados para os suicidas.

206) *Os suicidas, mesmo depois de recuperados, depois de passarem por hospital, têm tratamento especial?*

R.: Tratamento normal.

207) *O irmão André Luiz costuma visitar a Colônia Florescer?*

R.: Muito raramente.

208) *E o Dr. Oswaldo Cruz? (Este irmão participa dos trabalhos do Grupo de Comunicação Espiritual.)*

R.: Está sempre lá.

209) *No tempo em que você está na Colônia, já presenciou a recuperação de algum irmão?*

R.: Sim.

210) *E como ele está hoje?*

R.: Já está bem, sem dor, alimentando-se. Mas ainda não está conversando normalmente.

211) *Por tudo o que já lemos, sabemos que, periodicamente, vocês na Espiritualidade precisam se refazer energeticamente. Como se dá esse processo?*

R.: Por meio de passes. É um passe para todos juntos, uma espécie de passe coletivo.

Locomoção

212) *Existe algum tipo de transporte semelhante aos nossos, para levá-los de um lugar a outro?*

R.: Existe o aeróbus. Uma espécie de metrô terreno, mas sem trilhos e com o teto transparente, por onde você pode ficar olhando para fora.

213) *E na Florescer existe aeróbus?*

R.: Eles passam na porta.

214) *Tem hora determinada para o aeróbus passar?*

R.: Tem horários fixos, mas quem já está lá não precisa do aeróbus, não o usa mais.

215) *Existem locais específicos de parada para o aeróbus, como pontos de ônibus?*

R.: Existem.

216) *O aeróbus é movido a quê?*

R.: Não sei.

217) *Existem outros tipos de transportes, menores que os aeróbus?*
R.: Não conheço. Nunca vi.

218) *Existe algum tipo de transporte interno na Colônia?*
R.: A princípio não vi nenhum meio de transporte, tipo carro ou bicicleta, por lá, não.

219) *É através do aeróbus que vocês chegam pela primeira vez à Colônia?*
R.: Sim, é de aeróbus.

220) *Vocês utilizam algum meio de transporte para chegar ao plano terreno?*
R.: Chegamos andando, mas é muito rápido. Andamos com o pensamento. Basta pensar em um lugar e já estamos lá.

221) *Em quanto tempo, então, chegam ao GCE, vindos da Colônia?*
R.: Chegamos em dois segundos, vindos da Colônia.

222) *Todos na Colônia usufruem da facilidade de pensar que gostariam de ir a determinado local, dar alguns passinhos e estar lá?*
R.: Nem todos na Colônia conseguem se deslocar dessa forma. Há aquelas pessoas meio "lerdas", que ficam assim: "Ah, estou cansada! Vou ter que andar até lá!" Entende? É uma questão mental que pode variar de uma pessoa para outra. As que agem desse jeito têm que ir andando mesmo.

223) *Quando você vem à crosta terrestre sem a companhia de Emmanuel ou outros instrutores, você é assediado por Espíritos inferiores quando passa por zonas mais baixas?*

R.: Sim. Eles gritam, tentam me segurar, xingam.

224) *Mas você consegue passar bem?*

R.: Agora consigo.

225) *O que você tem que fazer para se manter equilibrado ao passar por esses locais?*

R.: Não tenho que fazer nada. É só não dar muita atenção a eles. A princípio, ficamos muito assustados, isso nos choca. Mas Emmanuel e os instrutores explicaram por que eles fazem aquilo e agora passamos, escutamos eles falarem e continuamos.

226) *Só depende de vocês, então?*

R.: Somos responsáveis por tudo o que nos acontece. Tudo é a nossa mente. É questão de entrar ou não em sintonia com eles.

Ensinamentos recebidos

227) *Você já recebeu muito ensinamentos Espíritas?*

R.: Bastantes.

228) *Que tipo de ensinamento é ministrado na Colônia?*

R.: Estudamos os livros básicos da Doutrina Espírita, estudamos tudo sobre a vida espiritual. Lemos muito, e as aulas nos são ministradas por instrutores.

229) *Existe alguém que determine uma sequência para os livros que devem ser lidos, de acordo com o nível de cada um?*

R.: Não. Você lê o que quiser, à vontade.

230) *Nem para as crianças existe uma leitura dirigida?*

R.: Para as crianças eu acredito que tenha, mas elas não leem muito. Elas escutam mais os instrutores.

231) *Os livros básicos são os mesmos daqui, como o* Livro dos Espíritos, *por exemplo?*

R.: Sim, já li todos eles. Para mim, foi tudo uma grande novidade. Eu não sabia nada sobre isso. O Sr. Eawston nos fala muito sobre tudo isso. Ele tem muito conhecimento.

232) *Mas esses ensinamentos vão além dos livros básicos?*

R.: Sim. Conhecemos livros que vocês ainda não conhecem, mas que serão passados a vocês. Você ainda tem muito que escrever. *(Diz à médium coordenadora do Grupo de Comunicação Espiritual que psicografa, entre outros, Emmanuel.)*

> "Não é a mediunidade que te distingue. É aquilo que fazes dela."
>
> *Emmanuel*

233) *E esses ensinamentos são só sobre a Doutrina Espírita ou sobre outros temas também?*

R.: Só sobre a Doutrina Espírita.

234) *E nos estudos ministrados na Colônia, vocês fazem apontamentos usando lápis e papel ou já utilizam a mente para arquivar as informações recebidas?*

R.: Guardamos na mente. Vocês sabiam que não usam o cérebro de vocês inteiro? Nós usamos.

235) *Você gosta de ouvir esses instrutores?*

R.: Gosto muito de ouvi-los, porque nunca soube que existia tudo isso. Eu nunca tinha parado para pensar nisso. Acho que as pessoas só param para pensar nisso depois dos cinquenta ou sessenta anos. Na minha idade, eu nunca havia pensado nisso.

236) *Vocês recebem instrutores de outras colônias como palestrantes?*

R.: Recebemos pessoas de outras colônias brasileiras que nos falam sobre diversos assuntos.

237) *Existem escolas para as crianças?*

R.: Não, porque a Florescer é uma colônia de transição. Nas colônias permanentes existem escolas, as crianças são alfabetizadas e têm o mesmo ciclo evolutivo no aprendizado que vocês. Na Florescer elas participam de reuniões de estudo apenas.

238) *Quantos instrutores há na Florescer?*

R.: Uns 12.

239) *Todos homens?*

R.: Não. Existem algumas mulheres também.

"Que Jesus esteja ao nosso lado nos envolvendo e propiciando a cada um de nós um entendimento mais farto, para que possamos ser emissários de amor, compreensão e caridade.Que saibamos sempre que muito do que intentamos partirá da vontade que sentimos de progredir. Estaremos aptos no momento em que soubermos esclarecer as nossas próprias dúvidas e as dos outros."

Henrique Karroiz

240) *Na próxima encarnação você vem com todo esse conhecimento que está adquirindo agora no plano espiritual?*

R.: Vou ter esse conhecimento guardado como bagagem, mas não quer dizer que vá, necessariamente, desenvolvê-lo.

"As diversas vidas nos serviram a visualizações mais objetivas e nas quais as estruturas precisarão estar em acordos momentâneos com o material por nós mesmos doados, para que a construção se solidifique cada vez mais e espelhe aperfeiçoamentos e elaborações feitas por nosso próprio Espírito."

Emmanuel

Literatura

241) *Vocês têm maior facilidade para ler do que nós? Leem com mais rapidez?*

R.: Fazemos uma espécie de leitura dinâmica.

242) *Existe biblioteca na Colônia?*

R.: Sim, várias bibliotecas.

243) *Por que várias e não uma só?*

R.: Porque muita gente moraria distante dessa biblioteca. Assim, fica mais cômodo. São várias bibliotecas pequenas espalhadas e uma grande, principal.

244) *Os livros são muito diferentes dos daqui? Você poderia descrevê-los?*

R.: Parece que as letras são feitas à mão, com todo o cuidado. Parece que são em alto-relevo, e brilham.

245) *Se lá existem livros que ainda não nos foram passados, como eles são confeccionados? Como é que Emmanuel, por exemplo, faz um livro para a Espiritualidade?*

R.: Ele escreve normalmente. Escreve em umas folhas que têm uns furos do lado e, no final, ele junta todas elas e amarra, depois passa a capa por cima. Fica bonitinho!

246) *Ele escreve com caneta ou existe outro material especial? Que caneta ele usa? (Brinca um membro do Grupo.)*

R.: Ah, não sei com que caneta ele escreve, só sei que ele escreve.

247) *Como você disse, só na Florescer existem várias bibliotecas. Como é feita a reprodução desses livros para todas as colônias?*

R.: Como é feita aqui. Impressão em uma espécie de gráfica.

248) *Existem indicações de autores nos livros ou o que importa é o ensinamento transmitido?*

R.: Tem indicação de autor e, inclusive, um dos recordistas de livros escritos lá é o Emmanuel.

249) *Existem livros, na Florescer, em outros idiomas ou só em português?*

R.: Só em português.

250) *Você lê muito lá?*

R.: Eu leio cerca de cinco livros por semana.

251) *Sempre sobre a Doutrina Espírita?*

R.: Tanto faz. Leio o que eu quiser ler. Quase sempre, leio livros didáticos (sobre a Doutrina) e, de vez em quando, um romance para variar.

252) *Aqui, quando não conhecemos o significado de alguma palavra, recorremos ao dicionário. E vocês?*

R.: Também. Eu nunca consultei, não, mas tem muita gente que chega lá falando muita coisa errada e vai estudando e sentindo a necessidade de consultar o dicionário.

Amizades

253) *Você fez muitos amigos por lá?*

R.: Fiz, mas vocês não os conhecem. A não ser o Sr. Eawston.

254) *Tem alguém que está sempre com você?*

R.: Sim, o Sr. Eawston. Ele está aqui agora. É verdade!

255) *Você gosta muito dele, não é?*

R.: Bastante. Ele conversava muito comigo quando cheguei e estava perdido. Ele é muito respeitado na Colônia.

256) *Fale-nos mais sobre esse nosso irmão e amigo, Eawston.*

R.: Quando cheguei à Colônia, disseram que ele estava meio zangado. Ele conversava muito com Emmanuel. Parecem ser muito amigos. Emmanuel fala com ele, comigo, não. Ele não se encontra perto de mim na Colônia, fica bem longe. Lá é muito grande. Mas nós conversamos muito, passeamos e andamos muito.

257) *O Sr. Eawston tem uma ocupação específica na Colônia?*

R.: Ele nos ampara.

"Palavras, meus irmãos, somam. Gestos, atraem, e proliferam. Atitudes, virtualizam e engrandecem."

Emmanuel

258) *Existe muita conversa entre amigos?*

R.: Sim, existe.

259) *Vocês adotam lá os mesmos cumprimentos daqui, como beijos, abraços, apertos de mão?*

R.: Sim, é a mesma coisa.

260) *E fazem comentários do tipo: "Nossa, fulano está tão bonito hoje!" ou "Hum, esse cabelo não ficou bem em beltrano!"?*

R.: Não é "Ah, como está bonito!" ou "Ah, como está feio!". E "Como ele está bem!". Tudo é em frequência vibracional.

261) *Encontrou amigos seus, da esfera terrena, na Colônia Florescer?*
R.: Alguns.

Vivência na Colônia Florescer

262) *Você se sente bem na Colônia?*
R.: Muito bem. Estou sendo bastante apoiado.

263) *Você se sente diferente?*
R.: Sim. Estou mais novo.

264) *Sente o corpo leve?*
R.: Os meus movimentos são largos, não tão limitados como antes. Um instrutor da Colônia me explicou que é porque não estamos mais presos, enclausurados. Estamos livres, e nossos movimentos parecem enormes. Quando estico os braços, parece que tenho uns três metros de braço, mas é apenas impressão, é claro!

265) *Cláudio, você sabe que a sua situação é provisória, que vai encontrar, no plano espiritual, um trabalho no qual vai se adaptar com o tempo e, assim, gradativamente, adquirir a sua própria personalidade espiritual, não sabe?*
R.: É, sei. Já me disseram isso lá na Colônia.

266) *A vida na Colônia é mais serena do que aqui na Terra?*
R.: Bem mais serena.

267) *Você tem motivos para rir lá na Colônia, para rir como você ri aqui conosco?*

R.: Claro, já tive muitos!

"Sorriso, contração estimulativa de sentimentos maiores, de radiações, de nostalgias, mas de porta aberta para uma maravilhosa e compactual concordância e aceitação."

André Luiz

268) *A vida na Colônia é bastante parecida com a que levavam aqui?*

R.: Para quem quer que seja, é. Se a pessoa estiver muito ligada a tudo o que deixou aqui, não vai conseguir viver de outra forma, mas existem colônias que não são assim. São colônias mais evoluídas, para Espíritos mais evoluídos, que não sentem mais necessidades de coisas tão materiais.

269) *Todas essas coisas semelhantes existem, então, para proporcionar uma melhor adaptação?*

R.: Por isso é uma colônia de transição.

270) *Assim como nós temos mentores aqui, vocês também têm na Espiritualidade?*

R.: Sim. São Espíritos muito mais evoluídos, e isso é gradativo, ou seja, nossos mentores têm também os deles e assim sucessivamente. Sabe onde tudo isso termina? Em Deus!

"Crescendo, proporcionalmente ao percurso perfeito e necessário, agradecemos ao Eterno Criador, e ainda ousamos pedir que continue a nos dar as possibilidades de vivas demonstrações de que, em tudo, Suas mãos nos tocam, por tudo que intenta, nos burila, e no pouco que nos concebemos por grandes almas, nossa visão consiga alastrar-se, nosso Espírito possa visualizar-se em necessárias oportunidades de engatinhar, andar e ir em Sua direção."

Augusto dos Anjos

Sobre saudades

271) *Você sente falta do plano terreno?*

R.: Sinto saudade de muita coisa daqui. Eu gostava do que fazia, era respeitado no que fazia. Gostava da minha família, do meu pai, da minha mãe, de todo mundo. Eu não tinha inimigos.

"Coloquemos em nossa mente este princípio: o que causamos aos outros, causar-nos-ão, seja de que forma for. Calquem na serenidade, na aceitação, na compreensão cada minuto de suas vidas."

Emmanuel

272) *Você tem permissão para visitar sua família terrena sempre que quiser?*

R.: Agora eu não quero, mas se quisesse, poderia.

273) *Além da família, vocês sentem vontade de obter notícias sobre outras coisas, como futebol, eleição, festas? Têm acesso a esse tipo de informação?*

R.: Ficamos sabendo de tudo isso de qualquer jeito, mas existe muita curiosidade, sim, por parte de certas pessoas.

274) *Você já viu na Colônia algum antepassado seu?*

R.: Não.

275) *As crianças da Colônia sentem falta dos familiares como vocês, que já são um pouco mais velhos?*

R.. Não. As crianças não sentem saudade. Elas são alegres, felizes.

Sobre o dia a dia

276) *Como é o dia de vocês na Colônia?*

R.: Nós acordamos pela manhã e vamos para uma sala bem grande onde há frutas e muita água para nos alimentarmos. Depois voltamos para o quarto e descansamos. O que mais fazemos lá é descansar, embora tenha sempre alguém do nosso lado conversando conosco, doutrinando. Quem fica quase o tempo todo comigo é o Sr. Eawston, como já disse. Depois, nos reunimos em círculos para conversar ou ouvir alguém falar. São explicações sobre o porquê de estarmos lá.

"Louvados sejam os irmãos amigos e empreendedores, pertencentes às esferas divinas, que nos possibilitam a busca da verdade, o encontro da alma com o verdadeiro Espírito elevado, a sintonia perfeita a nos envolver, a nos transformar em amigos eternos e seletos."

Henrique Karroiz

277) *Vocês têm necessidade de sono, como aqui na Terra?*

R.: Não é sono, é descanso. Fico ainda cansado, mas é porque estou me refazendo. Às vezes, eu durmo; às vezes, só descanso.

278) *Os membros da Colônia que já estão refeitos não têm mais essa necessidade?*

R.: Não.

279) *Os que ainda dormem, na Colônia, têm hora para acordar pela manhã?*

R.: Não. Podem acordar a qualquer hora, mas por respeito à rotina da Colônia acordam cedo.

280) *Não existem também horas determinadas para descansar?*

R.: Não. Descansamos quando temos vontade, assim como participamos de atividades quando desejamos.

281) *As crianças, assim como os jovens, não têm também horário certo para descansar? Como é que fica isso em um quarto com vinte, trinta se cada uma quiser descansar em um horário diferente? Não dá confusão?*

R.: Dá muita confusão.

282) *O que é descanso para vocês?*

R.: É igual o de vocês. Eu gosto de descansar ficando sentado no gramado olhando a paisagem.

283) *Se não têm a necessidade de dormir uma noite inteira como nós, não faz muita diferença para vocês ser dia ou noite?*

R.: É, não faz muita diferença. A noite é noite como aqui, só que não há necessidade de se dormir a noite inteira. Alguns dormem à noite, alguns dormem durante o dia, mas, na verdade, poucos dormem. E, além do mais, o trabalho noturno é mais intensificado nos planos espirituais, porque esta esfera terrestre é muito mais atendida à noite. É mais fácil atender vocês enquanto estão dormindo.

284) *Alguém acorda de mau humor lá?*

R.: Eu conheço um que acorda todo dia de mau humor.

285) *Vocês vão ao banheiro?*

R.: Nós comemos, mas não sentimos vontade de ir ao banheiro.

286) *Vocês tomam banho?*

R.: Sim, mas raramente. Eu tomo banho umas três vezes por mês, mas não fico cheirando mal, porque não transpiramos.

287) *Usam sabonete?*

R.: Às vezes, sim. Quando nos aproximamos mais dos banhos que tomávamos aqui na Terra, usamos. É difícil tomar banho sem sabonete.

288) *A água é encanada? Sai de torneiras?*

R.: É. Sai das torneiras. Todos os canos são transparentes, de acrílico.

289) *Tem pias nos banheiros?*

R.: Sim, são completos.

290) *Há necessidade de vocês cortarem o cabelo, fazerem a barba, cortarem a unha?*

R.: Não há necessidade, mas alguns fazem essas coisas. Depende de cada um.

291) *Existem objetos pessoais na Colônia? Algo que você diga que é seu?*

R.: Eu digo que é meu porque sou eu que uso, mas não é meu. Eu não comprei, deram-me de presente.

292) *Você já visitou algum Ministério?*

R.: Não.

293) *Passeia muito pela Colônia?*

R.: Não, não saio muito. Fico mais no meu quarto.

294) *O que você fica fazendo?*

R.: Fico pensando, lendo...

"Há momentos de recolhimento em que necessitamos permanecer sob lembranças, em rogativas, em palavras ou em atitudes que só um ser acima de nós poderá nos compreender e ouvir. Nesses momentos, tornamo-nos nós mesmos numa intensidade tal que talvez aqueles que vivam conosco e nos ouçam não possam perceber quem fala."

Henrique Karroiz

295) *E você não se sente só?*

R.: Não, nunca.

296) *Os habitantes da Colônia, em geral, costumam ficar a maior parte do tempo em seus quartos como você ou ficam em áreas comuns da Colônia?*

R.: Algumas pessoas querem sair, querem conversar; já outras querem ficar quietas, e outras, ainda, querem as duas coisas.

297) *A Colônia é bastante grande. Quando alguém quer falar com você, um instrutor, por exemplo, você é chamado por um sistema semelhante aos nossos de alto-falantes ou mentalmente você sabe que alguém o chama?*

R.: Mentalmente.

298) *É do mesmo jeito que vocês sentem mentalmente o chamado de alguém da Colônia ou de um de nós encarnados?*

R.: É, nós os diferenciamos pela voz e pela vibração.

299) *Vocês tomam conhecimento de fatos que ainda vão acontecer?*

R.: Ficamos sabendo, algumas vezes, quando são fatos importantes. Estávamos sabendo do desastre aéreo de grandes proporções ocorrido recentemente no Brasil.* Sabemos dessas coisas para poder socorrer e ajudar, quando ocorre.

---

* Claudio refere-se à queda de um avião da companhia aérea TAM, ocorrido na cidade de São Paulo em 31 de outubro de 1996, que matou 99 pessoas. O avião caiu em cima de casas no bairro de Jabaquara logo após decolar.

300) *Quando acontece alguma catástrofe aqui no Brasil, a rotina da Colônia se altera? Gera muita movimentação ou essa comoção não existe? É um dia normal?*

R.: Já há muita movimentação antes do acontecimento.

301) *Quanto às tentativas de se legalizar o aborto, como a Espiritualidade vê isso? Não tem meios para impedir?*

R.: A Espiritualidade tem meios de impedir o que vocês nem imaginam, mas vocês têm o livre-arbítrio. Quanto a essa situação, é um sentimento muito pobre, mesquinho e pequeno. Eu tenho pena desse pessoal.

> "O homem não é só ciência, o homem é sensibilidade. Mas o próprio homem racional está distorcendo a figura humana. A ciência é necessária para o progresso, mas acima da ciência existe o amor."
>
> *Toulouse-Lautrec*

Este acontecimento ocorreu alguns meses após o desencarne de Cláudio, em 31 de outubro do mesmo ano, quando ele já estava na Colônia Florescer. (*N. da A.*)

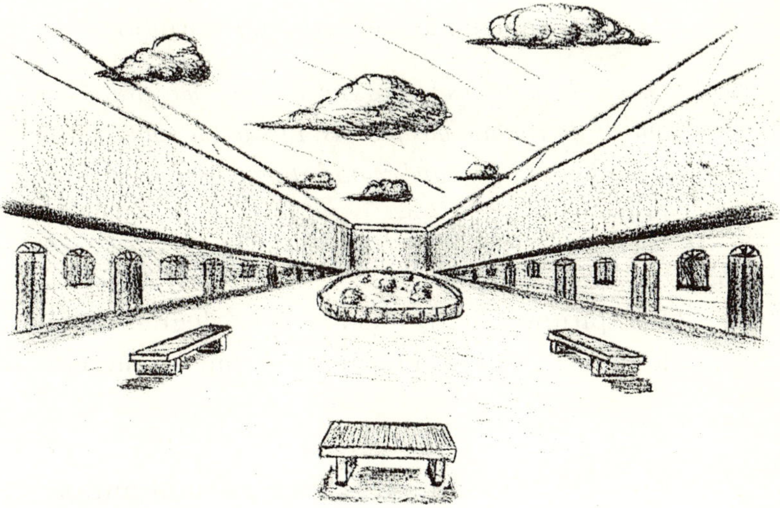

ILUSTRAÇÃO 5 – Pátio interno

Sobre as crianças e os jovens da Colônia

302) *As crianças têm brinquedos como carrinhos, bolas, bonecas?*
R.: Têm, e são iguais aos daqui.

303) *Aqui, as crianças e os jovens fazem muito barulho, falam alto, riem, brincam muito. Existe muito falatório, muito barulho ou o clima da Florescer é de silêncio?*
R.: É bem movimentado. Tem bastante barulho.

304) *O modo de falar dos jovens encarnados, em geral, é diferente do da maioria das pessoas. Eles usam muitas gírias. Os jovens de lá têm também uma linguagem própria?*
R.: Não.

305) *Os jovens são alegres?*
R.: Os Espíritos infantis estão sempre alegres, porque eles nunca conseguem entender o que aconteceu.

Sobre o relacionamento entre os habitantes

306) *Os jovens andam em grupos?*
R.: Sim. Brincam, conversam...

307) *O clima entre os que nunca se viram antes é de velhos amigos ou existe vergonha, medo de se aproximar?*
R.: Conversamos muito. Às vezes, alguns ficam meio sem graça, com vergonha, mas depois eles se integram.

308) *Quando chega um novo membro à Colônia, os demais habitantes sabem automaticamente como foi o desencarne ou*

existem conversas como: "Oi, como você veio parar aqui? Como foi seu desencarne?"

R.: Temos condições de saber, mas mesmo assim muitas pessoas perguntam.

309) *Sobre o que vocês mais conversam na Florescer?*

R.: Conversamos muito sobre coisas daqui. O nosso assunto é sempre sobre vocês, porque nós não temos com o que nos preocupar lá. Vocês nos preocupam demais.

310) *Devem existir milhões de pessoas com os mesmos nomes. Vocês usam sobrenomes, apelidos, qualquer coisa que os diferencie?*

R.: Não precisamos. É por projeção mental que fazemos essa diferenciação.

311) *Os mais velhos convivem bem com as crianças menores?*

R.: Eles se dão bem. As crianças são obedientes.

312) *Existe namoro lá?*

R.: Sim.

313) *Por uma necessidade ainda terrena?*

R.: Geralmente, são casais que desencarnaram juntos. Sim, ainda por ligação terrena.

> "A vida em sequência cármica, efetivada por todos e cada um de nós, dispõe a se apresentar na razão direta de ânsias e necessidades, dando oportunidade a cada ser de crescer e se reestruturar em uma das moradas do Pai Eterno."
>
> *Henrique Karroiz*

314) *Os garotos, assim que chegam à Florescer, ainda conservam o hábito de querer namorar as meninas da Colônia e vice-versa?*

R.: Isso existe sim.

315) *E como as pessoas que já estão há mais tempo na Colônia reagem a isso?*

R.: Reagem com explicações.

316) *E eles aceitam isso normalmente?*

R.: Alguns ainda insistem.

317) *E você, interessou-se por alguma garota quando chegou à Florescer?*

R.: Não.

Sobre sentimentos

318) *Existem, na Colônia, rivalidades trazidas da Terra?*

R.: Os Espíritos que têm rivalidades não entram na Colônia. Por isso, existem guardas no portão. Esses Espíritos ficam em outro plano. Ali só são introduzidos aqueles que se ofertam a uma melhora.

319) *Então, essas rivalidades terrenas entre paulistas e cariocas, por exemplo, não existem mais lá?*

R.: Não.

320) *Mas os sotaques continuam, não é? Você continua com sotaque paulista.*

R.: Eu não tenho sotaque paulista, vocês é que têm sotaque carioca. *(Brinca.)* Sotaque, cada um fica com o que quer.

321) *Existem desentendimentos, discussões, discórdias?*

R.: Não, não existem.

"Discórdias insuflam e contaminam nosso organismo. Miséria espiritual faz-nos compactuar com as negras nuvens à nossa espreita. Delírio do corpo rompe nossas virtudes e atrai depauperações."

Emmanuel

322) *Existem sensações de ciúme, de competição na Colônia?*

R.: Não, nada.

323) *Mas existe emoção, sentimento, amor...*

R.: Muito maior do que os de vocês.

"A busca por instantes de amor se dará pela eternidade, sabendo que Deus nos criou em amor, nos embalou através das conquistas espirituais, dando a todos as inúmeras possibilidades de amar a todas as Suas criações."

Henrique Karroiz

324) *Vocês têm medo de alguma coisa lá? Alguma coisa causa terror?*

R.: Vocês! Quando eu digo vocês, não são vocês daqui, mas o ser humano encarnado em geral. Vocês são muito complicados, fazem muita besteira.

Sobre fé, oração

"Afirmemos a nós mesmos diante de cada alvorecer os dignos postulados a serem vivenciados por nós, para que a construção íntima, tão esperada pelo Criador, não se desvirtue, tornando a marcha lenta e difícil."

Emmanuel

325) *Vocês fazem preces coletivas?*

R.: Sim.

326) *Existe um horário específico para essas preces?*

R.: Não existe um horário.

327) *E os que estão desenvolvendo alguma atividade?*

R.: Os que estão trabalhando, param, e continuam o que estavam fazendo depois.

328) *E existe um local específico para essas preces?*

R.: Fazemos nos jardins, em volta do lago.

329) *E quem comanda a prece?*

R.: Os instrutores, às vezes, Emmanuel.

330) *Quando a sua família da encarnação passada faz preces para você, você sente lá na Florescer?*

R.: Percebemos os sentimentos, a gente escuta.

331) *A oração de um encarnado para um desencarnado é providencial e benéfica. E vocês fazem preces individuais endereçadas a nós?*

R.: Fazemos, mas vocês não sentem como nós.

332) *O que você diria aos jovens que, como você quando encarnado, não entendem, não conhecem ou até mesmo não acreditam no Espiritismo? Afinal de contas, as condições em que vão se encontrar um dia são bem diferentes de tudo o que aprenderam em aulas de catequese, por exemplo.*

R.: Não podemos tirar a particularidade das pessoas. Cada um aprende o que lhe é passado. É difícil, para quem não conhece, imaginar o que acontece depois que morre. É engraçado você ver o seu enterro, quando não esperava encontrar mais nada depois da morte. É engraçado ver o que se passa pela cabeça das pessoas que você jurava que gostavam de você, que eram suas amigas. Esses jovens, que frequentam aulas de catequese, podem até virar padres, podem até virar papas, mas quando desencarnam, veem que não é nada daquilo que eles aprenderam a vida inteira, e se desesperam. Mas depois fica tudo bem, eles acabam cedendo.

> "A alma é o mundo aberto da história espiritual, e será somente através desse conhecimento que iremos entender cada ser humano, cada Espírito em andamento nessa esfera de reajustes e provas."
>
> *Emmanuel*

333) *Existem templos de fé para as diversas religiões na Florescer?*

R.: Não.

334) *E quando chegam Espíritos de várias religiões e pedem uma orientação dentro dessas religiões, como isso é feito?*

R.: É dada essa orientação.

335) *Mas quem dá essa orientação?*

R.: Qualquer pessoa que possa esclarecer. Não existe ninguém, nem nenhum local destinado especialmente para isso. Eu mesmo já fiz isso.

"Amemos nossos semelhantes, participemos ativamente da vida ao nosso redor, cultivemos a arte de ajudar, de colaborar e de nos esclarecer, para que possamos colher os frutos do amanhã na perseverança do presente."

Henrique Karroiz

336) *E eles aceitam?*

R.: Muitos demoram a aceitar. A aceitação pode ser lenta, mas mesmo aqueles que não acreditam em vida após a morte são forçados a acreditar, pois estão se vendo nessa situação. Por isso, quando algum deles não aceita, não nos preocupamos com isso, o tempo vai resolver.

Você passa por situações na vida encarnada em que a sua formação religiosa influi. Por exemplo, testemunhas de Jeová não aceitam fazer transfusões de sangue, e muitas vezes pessoas morrem por isso. E eles, certamente, responderão por isso mais tarde. É assassinato um pai deixar um filho morrer por não deixar que seja feita uma transfusão. Fé nenhuma tem o direito de negar a vida.

337) *Depois de esclarecidos, quais são os sonhos, os anseios dos habitantes da Colônia?*

R.: Ficar no plano espiritual para sempre. Ninguém quer voltar para a vida encarnada. A vontade é de ficar lá por algum tempo, até se sentirem seguros e, depois, saírem para conhecer outros lugares. Não porque existam lugares melhores, é porque se quer conhecer mesmo. A paz aqui é muito grande

"A paz é um estado íntimo de equilíbrio e de satisfação que nem tudo o que nos orna ou que nos envolve poderá trazer-nos, apenas nós mesmos. Seremos responsáveis por esse estado íntimo de tranquilidade e de fé."

Oswaldo Cruz

Sobre a natureza

338) *Você já disse que existem jardins na Florescer, não é?*

R.: Sim.

339) *E é preciso regá-los, aparar a grama, semear, podar?*

R.: Tudo isso é preciso.

340) *Existem pessoas especializadas para isso?*

R.: Jardineiros.

341) *As pessoas colhem flores nos jardins para enfeitar ambientes internos ou isso seria uma agressão às plantas?*

R.: Algumas colhem.

342) *Existe fogo na Colônia? Se existe, para quê?*

R.: Existe. O fogo é natural, é da natureza. Aparece onde tem que aparecer, na hora que tem que aparecer.

343) *Em que é usado o fogo?*

R.: Em nada, só em visualização.

344) *E queima mesmo?*

R.: Não, não queima nada.

345) *Como você já disse, a poluição terrena chega à Florescer, não é?*

R.: Chega bem forte.

346) *E interfere? Uma colônia sobre Petrópolis, por exemplo, seria melhor, nesse aspecto, do que uma que ficasse sobre Cubatão?*

R.: Certamente. A poluição atrapalha.

Sobre lazer, esportes

347) *Vocês praticam esportes na Colônia?*

R.: Sim, por necessidade e não por entretenimento ou diversão. Muitos não conseguem deixar seus hábitos terrenos de uma só vez e precisam, gradativamente, abandonar esses hábitos.

348) *Existem quadras para a prática de esportes coletivos?*

R.: Existem. Existe quadra de futebol.

349) *Existem esportes muito violentos aqui no plano terreno. Esses esportes são também praticados lá?*

R.: Não, não se pratica esse tipo de esporte.

350) *Como você já nos relatou, existe um lago. E esse lago é apenas fornecedor de água ou pode ser usado como forma de lazer?*

R.: Algumas pessoas nadam lá.

Sobre manifestações artísticas

351) *Que tipo de música é tocada na Colônia?*

R.: Músicas clássicas. São reproduzidas para toda a Colônia.

352) *Existem as mesmas músicas daqui?*

R.: Sim, mas só as músicas de verdade.

353) *Vocês ouvem músicas como nós?*

R.: Na Colônia, o tempo todo, há música ambiente, tocada para todos. Mas só escuta quem quer escutar. É mentalmente que você decide se vai ou não escutar o que está sendo tocado.

354) *Você não pode, se quiser, escutar individualmente uma música? Não existem aparelhos para isso?*

R.: Não, não existem aparelhos.

355) *Existem Espíritos com aptidões musicais que criam músicas lá?*

R.: Existem. Essas músicas são, depois, reproduzidas para toda a Colônia.

356) *Existem instrumentos musicais na Colônia?*

R.: Existem.

357) *As músicas criadas lá são, de alguma forma, "gravadas" para serem reproduzidas por toda a Colônia?*

R.: Devem ser, mas eu não sei como é. Elas aparecem lá.

358) *As músicas são apenas instrumentais ou são também cantadas?*

R.: Algumas são cantadas e podem ser cantadas individualmente ou em coro.

359) *Vocês dançam?*

R.: Tem pessoas que dançam.

360) *Existem locais apropriados para isso?*

R.: Não. Elas dançam em qualquer lugar da Colônia em que estejam escutando música.

361) *Que tipo de filme passa no cinema na Florescer?*

R.: Os que vocês veem aqui.

362) *Mas a maioria dos nossos filmes trata de violência, sexo, drogas...*

R.: Lembram-se do que eu respondi em relação à música? Pois é, músicas de verdade, filmes de verdade. Não passam esses enlatados lá.

363) *Você pode nos dar exemplos de filmes considerados bons?*

R.: *Ghost — Do Outro Lado da Vida, Em Algum Lugar do Passado.*

364) *Assim como os filmes que você citou, tivemos uma novela na televisão brasileira que tratava também do mundo espi-*

ritual. As pessoas que escreveram essa novela e esses filmes tiveram algum tipo de intuição Espiritual?

R.: Tiveram, e retrataram bem.

365) *O filme* Ghost, *para nós encarnados, foi até certo ponto um filme sério, mas para vocês deve ter sido engraçado, porque retrata coisas que vocês estão vivendo, coisas naturais, não?*

R.: É engraçado, sim.

366) *Vocês assistem a comédias?*

R.: Algumas.

367) *Que outras manifestações artísticas existem na Florescer?*

R.: Pintura, teatro.

368) *E que tipo de peças são encenadas?*

R.: Peças clássicas.

Sobre tarefas

369) *As tarefas atribuídas aos Espíritos nas Colônias têm relação com as aptidões, com as profissões que exerciam quando encarnados? O que sabemos aqui pode ajudar?*

R.: Qualquer tipo de cultura engrandece a criatura em qualquer lugar. Tem relação, sim, mas não à risca. Quem era médico aqui, não passa de um simples auxiliar de enfermagem lá.

370) *Por quem são realizados os serviços de limpeza, de eletricidade...?*

R.: Por todos nós. Nós somos uma comunidade e temos que trabalhar e zelar por ela.

371) *Quem limpa, por exemplo, os corredores?*

R.: Quem quiser fazer, faz.

372) *Com o que é feita a limpeza?*

R.: Só com água.

373) *Mas existem instrumentos como vassouras, por exemplo?*

R.: Sim.

374) *Que tipo de sujeira existe?*

R.: A mesma que vocês têm aqui, como poeira, papel picado e folhas, por exemplo. A poeira é a de vocês que chega até lá.

375) *Onde é depositado esse lixo?*

R.: Não sei onde é depositado.

376) *Mas o lixo de lá é fluídico, não?*

R.: Como tudo! Já pensaram se não fosse? Quando alguém fosse aparar os jardins iria chover grama em vocês. Vocês iriam ficar imundos aqui. *(Brinca!)*

377) *Lá as coisas quebram e têm que ser consertadas?*

R.: Quebram, sim.

378) *E existem pessoas especializadas para esse tipo de serviço?*

R.: Se quebrou sem querer, tem. Mas se quebrou de propósito...

379) *Você disse que lá, sendo uma comunidade, todos colaboram nas tarefas, certo? Há alguém que se negue a trabalhar?*

O que acontece a esse Espírito que recusa uma tarefa que lhe foi atribuída?

R. Nós nos sentimos muito úteis fazendo qualquer coisa. Gostamos muito e fazemos com todo prazer, com todo carinho e amor. Temos que zelar pelo que é nosso. Mas fazemos se quisermos fazer, aceitamos uma tarefa se quisermos.

> "Lembra: cada dia é tempo abençoado de trabalhar e não confieis a enxada de tua oportunidade à ferrugem da negação."
>
> *Emmanuel*

Sobre o tempo

380) *A noção de tempo, de hora, é a mesma que a nossa? Por exemplo, um mês lá corresponde a um mês daqui?*

R.: Sim.

381) *Vocês adotam lá o nosso calendário?*

R.: Sim.

Sobre iluminação

382) *Quando chega a noite, escurece?*

R.: Sim, escurece. Se não escurecesse, não seria noite.

383) *Como é a iluminação na Colônia à noite?*

R.: É como se fosse a luz do dia, ela invade.

384) *Existe iluminação artificial?*
R.: Do lado de fora existem refletores. No interior, a claridade é natural; ela parte de todos os cantos.

385) *Existem interruptores nos ambientes internos?*
R.: Existem, e nós usamos, só que não vemos lâmpadas. Quando mexemos no interruptor, é como se fosse a luz do dia invadindo o ambiente.

Sobre a fama

386) *Encontrou, na Colônia, alguém que tivesse sido famoso aqui no plano terreno? Alguma figura conhecida?*
R.: Encontrei, mas não posso citar nomes.

387) *Pessoas que foram famosas aqui e continuam com a mesma aparência da última encarnação na espiritualidade são tratadas pelos que as conheceram como ídolos ou como pessoas normais? Ainda existe o sentimento de fã?*
R.: Não tem muito isso não. Lá são todos iguais, mas mesmo assim eles são reconhecidos e alguns fazem festa e ficam surpresos em vê-los.

388) *Pode ter alguma vantagem, depois de desencarnado, a fama que se teve aqui, enquanto encarnado?*
R.: O fato de serem queridos pode ajudar muito em resgates a Espíritos necessitados, por exemplo. É muito mais fácil convencer um Espírito sofredor do Umbral a aceitar ajuda tendo um rosto conhecido.

Sobre Espíritos Superiores

389) *Existe admiração, idolatria por parte dos Espíritos mais jovens da Florescer pelos Espíritos Superiores?*

R.: Idolatria, fanatismo, não. Existe muito respeito.

"Louvados sejam aqueles que em nome do amor verdadeiro, da paz, do respeito e da consideração se nutrem de sentimentos mais afinados e firmes."

Henrique Karroiz

390) *A Colônia é visitada por habitantes de colônias superiores. Isso é frequente? Vocês os veem normalmente?*

R.: É muito visitada, e nós os vemos.

Sobre disciplina

391) *Por ser uma colônia de transição, a Florescer tem regras mais rígidas do que as outras colônias?*

R.: Sim, tem.

392) *E quem desobedece a essas regras sofre alguma punição?*

R.: Não tem punição, mas tem uns "puxões de orelha".

393) *Vocês, que vivem em uma colônia, sob determinadas regras, mesmo perante médiuns capazes de vê-los, precisam de autorização para poder se mostrarem?*

R.: Sim.

394) *Fale-nos da disciplina mantida na Colônia.*

R.: Existe uma disciplina, e não se costuma violar essa disciplina. Ela é seguida à risca pelos membros da Colônia.

395) *Mas existem Espíritos que fogem da Colônia?*

R.: Sim, e quem foge leva bronca depois.

396) *Por que eles fogem?*

R.: Quem foge, foge para vir aqui à Terra, para fugir às responsabilidades.

> "A responsabilidade existe em vários planos e em vários patamares espirituais, e cada criatura vê a responsabilidade de um tamanho. Alguns a veem como deve ser vista, outros, de relance, e outros não a veem."
>
> *Toulouse-Lautrec*

397) *Quando alguém foge da Colônia, mesmo que um dos guardas responsáveis pela segurança veja, deixa que a fuga aconteça?*

R.: A segurança é de fora para dentro. É livre-arbítrio do Espírito querer sair da Colônia. Ou seja, quem está dentro pode sair, mas quem está fora não pode entrar sem autorização.

398) *É comum Espíritos de zonas inferiores tentarem entrar na Colônia sem permissão?*

R.: Sim, eles são barrados e têm que voltar.

Sobre informações

399) *São passadas mensagens, avisos a todos os habitantes da Colônia? Como?*

R.: Sim. São passados sonoramente, como a música ambiente.

400) *Existe algum jornal escrito na Colônia?*

R.: Não. Não há necessidade. Em breve, vocês também não terão mais jornais aqui.

401) *Mas existe algum tipo de informativo?*

R.: Sim. Através de telões nós sabemos tudo o que se passa nesse plano terreno.

402) *Esses telões têm hora para serem ativados?*

R.: Não. Ficam ligados o dia inteiro, transmitindo informações.

403) *Existem várias frequências para esses telões, ou seja, seria só pensar no que quer ver e aparece imediatamente?*

R.: É isso mesmo.

404) *Existe alguma frequência específica para as crianças?*

R.: Sim, mas não passa desenho animado não. Passam informações também.

405) *Esses telões são fixos em determinados lugares?*

R.: Não. Eles aparecem onde tem maior concentração de pessoas.

406) *Eles têm sempre o mesmo formato?*

R.: Não. Podem variar.

Sobre o clima

407) *Há, na Colônia, a sensação de frio ou de calor?*

R.: Essa sensação de frio ou calor depende de cada um. Sentimos o que queremos sentir. A temperatura ambiente existe e está lá para ser sentida, só que, se você quiser sentir frio, você sente; se quiser sentir calor, você sente.

408) *Chove na Florescer? Se chove, para que chove?*

R.: Chove. Para abastecer.

409) *E o céu fica feio, cheio de nuvens?*

R.: O céu fica cheio de nuvens, mas, às vezes, elas passam muito rápido. A chuva continua e as nuvens já foram embora e o céu já está azul.

410) *Vocês usam guarda-chuva?*

R.: Não. Nós não nos molhamos.

Sobre comemorações

411) *Existem comemorações na Florescer, como dia da fundação, por exemplo?*

R.: Não. O dia é lembrado, mas não há comemoração.

412) *E vocês comemoram as nossas datas, como o Natal, por exemplo?*

R.: O Natal, sim. Não montamos árvore nem distribuímos presentes, mas existe toda uma emanação em função do nascimento de Cristo.

413) *Vocês fazem aniversário?*

R.: Sim.

414) *E comemoram?*

R.: Ganhamos os parabéns.

415) *Mas que aniversário é esse? A data de desencarne, a data em que chegou na Colônia ou o aniversário da última encarnação?*

R.: A data do nosso primeiro aniversário, ou seja, a data em que surgimos como Espíritos.

416) *E como é que se sabe quando se começou como Espírito?*

R.: Depois que você morrer, você vai ficar sabendo. *(Ri.)*

417) *Você pode nos dizer a data do seu aniversário?*

R.: Eu vou falar o dia e o mês, porque se eu falar o ano vocês vão dizer que eu sou muito velho. Nasci no dia 4 de julho.

418) *Para saber disso você tem, primeiro, que tomar conhecimento de suas vidas pretéritas, de todas as suas encarnações não é?*

R.: Claro.

419) *E quantos anos você tem espiritualmente?*

R.: Doze, 13 anos. Mas a minha aparência não corresponde muito a essa idade, não é?

420) *Vocês podem ter certeza da idade de vocês ou nunca sabem ao certo?*

R.: Nós sabemos quantos anos temos.

Sobre partidas da Colônia

421) *Quando vocês deixam a Florescer, vão todos para o mesmo local, para a mesma Colônia?*

R.: Não. Nem sempre o caminho de todos é sair dessa colônia para outra. Alguns reencarnam partindo da própria Florescer. Os que continuam em planos espirituais podem sair da Florescer para inúmeras colônias.

"Reencarnação nem sempre é sucesso expiatório, como nem toda luta no campo físico expressa punição."

Emmanuel

422) *Então, existem câmaras de restringimento, de miniaturização na Colônia, ou seja, os Espíritos podem reencarnar de lá?*

R.: Existem. Podem, sim.

423) *O que a literatura espírita quer dizer quando se refere a câmaras de sofrimentos, câmaras de retificação?*

R.: Parecem galpões, lugares grandes onde existem vários atendimentos de uma só vez. Parece um pronto-socorro terreno. Este local da reunião de vocês é uma câmara, vocês estão em uma.

424) *Os Espíritos tratados nessas câmaras ficam adormecidos?*

R.: Pouquíssimos ficam dormindo.

425) *Quando das partidas para outras colônias, existem comemorações?*

R.: Não. Apenas despedidas.

Curiosidades terrenas sobre a Vida Espiritual

426) *Existem, na Florescer, coisas como walkman, computador?*

R.: Não, nada disso.

427) *As jovens daqui se enfeitam com joias, tiaras nos cabelos... Lá, fazem a mesma coisa?*

R.: Mesmo que sejam muito vaidosas, têm que perder esses hábitos, pois não se utilizam dessas coisas lá. Sentem falta, mas acabam se acostumando.

428) *Aqui, nós temos astrologia e questões de signos. Isso existe lá também?*

R.: Não. Isso tudo é criação.

429) *Já ouvi dizer que existe uma identificação, uma espécie de peso atômico que marca os lugares pelos quais você passa, ou seja, que rastreia. Isso existe em plano espiritual? Um Espírito pode ser rastreado?*

R.: Desculpe, mas a única coisa que eu posso dizer é: É! Eu não posso lhe explicar isso.

430) *Espíritos sentem coceira?*

R.: Sentem.

431) *Espírito tropeça e cai?*

R.: Eu não me lembro de ter tropeçado. Eu quase não ando, eu volito. Mas os que andam, de vez em quando tropeçam.

432) *Espíritos espirram, tossem?*

R.: Sim.

433) *Espíritos têm sombra?*

R.: Eu nunca vi sombra em Espírito algum.

434) *Espírito sonha?*

R.: Não dá para sonhar acordado, e quase não dormimos. Mas, quando dormimos, pode ser que sim.

435) *Se você tivesse que levar uma cadeira de algum lugar para outro nas mãos, sentiria o peso dessa cadeira?*

R.: Claro. Tudo é feito de matéria fluídica, e essa matéria pesa. O Espírito tem peso. Um Espírito que se materialize tem peso.

436) *E quando cai alguma coisa no chão, faz barulho?*

R.: Faz.

437) *Várias pessoas chegam lá bastante perturbadas e desesperadas, certo? Quando choram, sai lágrima?*

R.: Sai. Igual a vocês.

> "Creio em Ti é o apelo furtivo das almas lacrimosas, esperando um alvitre dos céus a lhes recompor intimamente."
>
> *Emmanuel*

No mundo espiritual, Cláudio assume sua individualidade

Lembranças de encarnações pretéritas

438) *Nós sabemos que você está em uma colônia há pouco tempo e gostaríamos de saber se você já tomou conhecimento de suas encarnações anteriores.*

R.: Sim, já tomei.

439) *Como isso aconteceu?*

R.: Através de um telão.

440) *Para recordar essas encarnações passadas você tomou passes no cérebro, sofreu alguma operação psíquica ou qualquer coisa assim?*

R.: Não. Fiquei no quarto com dois instrutores.

441) *E havia mais alguém junto a vocês nesse momento?*

R.: Não.

442) *O telão foi levado para o seu quarto para que ninguém mais tomasse conhecimento?*

R.: Ninguém carrega esse telão de um lado para o outro, ele aparece e desaparece.

443) *Você conhece a sessão de arquivos?*

R.: Sim, conheço.

444) *Então, você tem acesso à sessão da Colônia destinada aos arquivos do seu pretérito? Pode ir lá quando quiser e ler sobre todo o seu passado?*

R.: Somente ao que eles querem que eu veja.

445) *Pode nos dizer quantas encarnações já teve?*

R.: Cinco.

446) *Já foi mulher em alguma delas?*

R.: Não.

> "Não nos esqueçamos de que a cada vivência uma experiência se apresenta, a cada vida uma complementação se realiza, unicamente para nos alargar a visão, nos clarear a mente e nos proporcionar momentos futuros, melhores e mais completos."
>
> *André Luiz*

447) *O que vocês sentem depois de tomar conhecimento das encarnações pretéritas? Envergonham-se, sentem-se frustrados, tristes pelo que fizeram de ruim ou agem com serenidade, encarando como um passado a ser reparado e mais nada?*

R.: Os dois.

448) *Vocês comentam suas encarnações pretéritas com os demais membros da Colônia ou isso não é divulgado?*

R.: Não existe esse tipo de comentário

449) *Depois que você tomou conhecimento de suas encarnações passadas, encontrou Espíritos que tenham feito parte delas?*

R.: Encontrei várias pessoas.

"Plano terreno e plano espiritual se assemelham e se compactuam em direitos e deveres, outorgando ambos as larguezas e os limites, de acordo com as disposições de cada ser, em suas aspirações e objetivos."

Henrique Karroiz

450) *E como é o relacionamento com esses Espíritos?*

R.: É um relacionamento mais caloroso, mais íntimo.

451) *E conversam coisas como: "O que você fez na última encarnação? Por onde tem andado?"*

R.: Parece conversa de maluco, mas isso existe, sim.

452) *E como vocês se reconhecem, se tiverem passado encarnações sem se ver e tiverem assumido uma individualidade diferente de quando se viram pela última vez?*

R.: Nós sempre acabamos nos reconhecendo.

Nossa individualidade

"Seria pretensão dizermos que somos personagens únicos na vida e que retemos as melhores capacidades a cada existência. Não, a Providência Divina nos alterna em características de acordo com as exigências reencarnatórias, moldando-nos conforme o papel a desempenhar, embora nossos caracteres morais e emocionais sejam sempre os mesmos. Porém, ao atravessarmos a barreira do infinito e entrarmos em vida espiritual, arrebanharemos, então, as virtudes, as qualidades e os defeitos que melhor nos caibam, os que mais aceitamos, envolvendo-nos neles, formando um ser individual com várias características amealhadas no percurso de nossas diversas existências."

Henrique Karroiz

453) *Um Espírito pode reencarnar da Florescer, mesmo sem ter ainda assumido a sua individualidade?*

R.: Pode, sim.

454) *Quando você assumiu a sua individualidade, tomou a aparência da primeira encarnação anterior ou formou uma nova?*

R.: Formei uma nova. Como se fosse uma fusão de cinco encarnações, cinco personalidades formando uma individualidade. Você pode misturar quantas das suas encarnações quiser para formar a sua individualidade. Mostraram-me as cinco, eu olhei, olhei, olhei e fui escolhendo. Meu cabelo, por exemplo, é da primeira. Se você já teve 30 encarnações, pode pegar um pouquinho de cada uma.

"Organizemos por fora, aperfeiçoando por dentro."

Emmanuel

455) *Quando formamos a nossa individualidade, juntamos traços de encarnações passadas para formar um todo que mais nos agrada, certo? As pessoas devem ser todas lindas por lá...*

R.: Não. Isso não quer dizer que você vá escolher o que é mais bonito e sim o que o faz se sentir melhor. Você pode estar horrível e se sentindo muito bem.

456) *E essa individualidade interfere enquanto estamos encarnados?*

R.: Vocês já pararam para pensar que alguém que é mulher hoje já pode ter sido homem e é por isso que, mesmo em um corpo feminino, continua saindo para procurar emprego e sustentar a família?

> "Louvados sejam aqueles que mesmo diante do mundo e de suas próprias lutas continuam a tentar encontrar a sua própria individualidade."
>
> *Henrique Karroiz*

457) *Vocês, através de um telão, tomam conhecimento das encarnações pretéritas e formam uma individualidade. Essa individualidade é assumida de uma hora para outra?*

R.: A mudança é feita em um dia. Em um dia você vai se modificando, vai sentindo que já está diferente.

458) *E os Espíritos que o veem pela primeira vez depois de modificado, reconhecem você?*

R.: É como se você tirasse os óculos e passasse um batom vermelho. Todo mundo ia reconhecer você assim mesmo. É estranho, mas é assim. Vocês aqui não reconheceriam, mas quem está lá reconhece. Eu sei que é complicado para vocês entenderem isso.

Tem também outra coisa que vocês não podem esquecer: os Espíritos que já têm um determinado grau de evolução, já têm uma individualidade firmada, não precisam ficar escolhendo uma nova a cada vez que chegam lá.

> "O molde de uma criatura de fé deverá ser cultivado através das existências, deverá ser anseio diário e contínuo a levar as criaturas a condutas leais e sinceras, amplas e compreensíveis."
>
> *André Luiz*

459) *Você, Cláudio, poderia modificar a sua individualidade?*

R.: Não. Não quero.

460) *Depende do querer, unicamente?*

R.: Depende. Querer é poder.

461) *Você poderia, por exemplo, a cada dia, aparecer de uma forma diferente?*

R.: Se quisesse, poderia.

462) *Você, quando encarnado, não tinha nenhum conhecimento da Doutrina Espírita, mas na sua individualidade já o tinha. É por isso que nos disse que isso não quer dizer, necessariamente, que vá se lembrar dos conhecimentos que está adquirindo agora em uma próxima encarnação, não é isso?*

R.: Sim.

"Em cada vida vamos nos equilibrando, adquirindo e absorvendo qualidades, aprimorando nossos potenciais, e isto é um trabalho de eternidade."

Toulouse-Lautrec

463) *Você tem uma família espiritual. Já teve contato com alguém dessa família?*

R.: Não.

464) *Mas tem o desejo de encontrar sua mãe espiritual? Já a procurou?*

R.: Desejo a gente sempre tem, mas tudo tem que acontecer na hora certa.

465) *Já sabe quem é ela?*

R.: Não. Não sei quem é, mas sinto sua oração.

466) *Como ficam os homossexuais até atingirem a individualidade?*

R.: Continuam homossexuais, mas quando atingem a individualidade isso deixa de existir. Isso é material, é daqui da Terra.

"Meus irmãos, está nas suas mãos aceitarem ou não aceitarem a si próprios como Espíritos, desligando-se um pouco da matéria, porque a matéria se desgasta, se corrompe, e o Espírito, não, permanece."

Oswaldo Cruz

467) *É comum Espíritos chegarem em formas femininas e assumirem individualidade masculina e vice-versa?*

R.: É bastante comum. É normal e, geralmente, essas pessoas foram homossexuais quando encarnadas.

Experiências no Plano Terreno

Partilhando nossa esfera, Cláudio também oferece sua nova percepção ao ver a luta diária de seus irmãos.

Reage de forma amiga, brincalhona e perfeitamente "física". Mostra muitas situações acolhidas pelo Grupo, esclarece várias visões e pressentimentos, elucidando-os muitas vezes, juntamente com a Coordenadora do Grupo de Comunicação Espiritual.

Henrique Karroiz

•

468) *Deve ser estranho para você andar entre nós aqui na Terra, não?*

R.: É engraçado. Eu ainda não consegui me acostumar com isso. Quando eu saio andando por aqui, vou desviando das coisas, das pessoas, de tudo, embora eu não precise.

469) *Quando vocês fazem algum objeto se mexer, é com as mãos que o mexem?*

R.: Com a mente. Temos a impressão de que é com as mãos porque o objeto se move exatamente quando chegamos com as mãos até ele, mas é com a mente que o mexemos.

470) *Nas suas horas vagas você passeia por aqui? Aonde você vai?*

R.: Vou a vários lugares. Ontem passei na porta de uma loja que vendia roupas que pareciam ser velhas, e era esquisito. Havia Espíritos agarrados às roupas. Espíritos mais elevados não fazem esse tipo de coisa.

471) *Como assim agarrados às roupas?*

R.: Alguns estavam vestidos nas roupas, outros chorando, gritando agarrados às roupas.

472) *Tratava-se de um bazar?*

R.: Sim, um bazar de roupas que já foram de outras pessoas. A emanação desses lugares é horrível. Acontece a mesma coisa em lojas de antiguidade.

473) *Deve-se evitar esses lugares?*

R.: Não, contanto que não levem as roupas para seus armários. Mas, também, não eram todas as roupas que estavam assim...

474) *Por que isso acontece?*

R.: Pergunto a vocês: de quem eram essas roupas?

475) *De pessoas que doaram, não?*

R.: Já pararam para pensar que pessoa morta não doa nada?

476) *E como as pessoas devem agir em relação a isso?*

R.: Não devem comprar.

477) *Mas acontece, Cláudio, que são pessoas muito pobres, que não têm dinheiro para gastar e compram essas roupas muito baratas...*

R.: Eu entendo, mas não faz bem. No caso específico do bazar de caridade que vocês organizam, sugiro trazerem as roupas aqui para que eu possa vê-las.

478) *Cláudio, Espírito se assusta?*

R.: Sim. Principalmente quando eu comecei a acompanhar o meu médium e estava na casa dele. Ele ia andando para o quarto dele e eu ia atrás, só que ele não esperava eu entrar para fechar a porta. Ele não sabia onde eu estava e fechava sempre a porta na minha cara. Agora, eu já sei disso, e atravesso pela parede, e quando ele entra, eu já estou lá dentro, esperando.

Assim que desencarnei, que tudo era novidade, eu levava muito susto quando chegava perto de alguém e essa pessoa continuava andando na minha direção. Era muito esquisito. Eu fechava os olhos e parecia que ia levar uma pancada. Agora eu já me acostumei

Cláudio e a Florescer acompanham o trabalho do GCE

O trabalho realizado pelo GCE é acompanhado na Florescer

479) *Como o mundo espiritual vê o trabalho do Grupo de Comunicação Espiritual?*

R.: Vê com muito bons olhos, com muito amor, com muito carinho, com sentimento de agradecimento e com tudo mais que se pode ter de bom em relação a outras pessoas.

"Somos envolvidos pelo amor e nos tornamos amados à proporção que empreendemos evoluções internas, abstinências e doações."

Emmanuel

480) *Quando saem da Colônia para vir até aqui, por quem vocês são conduzidos, a fim de assistir às nossas reuniões?*

R.: Por Emmanuel, principalmente. Este local é muito iluminado, e quando começa a entardecer, vemos muita luz. No início, perguntávamos aos outros o que era este local, e quando nos explicaram, pedimos para vir.

481) *Quem faz a seleção dos Espíritos que comparecem e dão seus depoimentos aqui nas nossas reuniões?*

R.: Emmanuel, Toulouse. *(Última personalidade vivenciada na Terra pelo Espírito Karroiz.)*

482) *Você já participa das nossas reuniões há algum tempo? Como?*

R.: Já. Eu interferia no som e um dia derrubei um banco, tudo através do meu médium, que também é médium de efeitos físicos.

483) *Veio mais alguém com você hoje para a reunião?*

R.: Tem muita gente que vem comigo.

484) *Quantos desencarnados estão, hoje, aqui à nossa volta?*

R.: Não dá para contar. Tem muita gente. Muita gente fica assistindo, mil vezes mais que o número de vocês. Para nós, não existe espaço vazio. Se vocês esticarem o braço, em que vão tocar com as mãos? Não existe espaço vazio, tem gente, tem coisas, tem tudo.

485) *Há muitos jovens aqui com você?*

R.: Muitos. Vocês não podem imaginar.

> "Precisamos ouvir mais os jovens. Eles têm uma visão mais lúcida da vida, das necessidades e do que acontece neste mundo. Não os tratem como ignorantes sem concepções. Dialoguem com eles. Eles têm uma percepção maior, muito maior, e, por isso, estão vivos neste século, exatamente nesta época de transição."
>
> *Toulouse-Lautrec*

486) *Muitos vindos da Florescer?*

R.: Sim, muitos.

487) *Existem também muitas crianças?*

R.: Bastantes.

488) *E essas crianças são trazidas por quem?*

R.: Pelos instrutores. Elas gostam muito de participar.

489) *Você acha que o irmão Emmanuel conseguirá demonstrar a veracidade do nosso trabalho perante as pessoas?*

R.: Sim. Já falei um dia aqui que vocês têm de ficar tranquilos. Esse caminho foi traçado há muito tempo e terá um fim.

490) *Esse trabalho do GCE chegará a atingir muitas pessoas, ajudando-as e orientando-as para melhor poderem aceitar as suas vidas?*

R.: Mais cedo ou mais tarde tudo acontece. Vocês já ouviram falar que um dia tudo termina bem?

491) *Sentimos a Espiritualidade a nos envolver e nos prestigiar nesses momentos importantes em que estão sendo lançados os primeiros fundamentos de uma continuidade doutrinária. Nós sentimos uma responsabilidade muito grande e não há como agradecer a oportunidade de participar e travar conhecimentos com isso tudo. Às vezes, parece um sonho...*

R.: A Espiritualidade só deve a vocês. Estamos todos cercando vocês.

492) *Estamos próximos de uma época de transformações. Este nosso trabalho irá ultrapassar essa época de transformações?*

R.: Este trabalho é eterno!

493) *Toda a Colônia conhece o nosso trabalho?*

R.: Tudo que vocês desenvolvem nas reuniões é reproduzido posteriormente na Colônia.

494) *Toda a Colônia assiste às reproduções de nossas reuniões?*

R.: Não são obrigados a assistir. As reuniões são reproduzidas, através do telão, para todos. Entretanto, assiste quem quiser. Muitos vêm assistir aqui.

495) *Com que finalidade?*

R.: Para vermos os debates de vocês. Seria interessante inverter a situação, colocando um telão aqui para que vocês vissem os nossos debates, para aprenderem a debater.

496) *Você pode nos dizer onde fica, aqui no nosso ambiente de reuniões, as câmeras que nos focalizam? Quantas são?*

R.: Uma só. E não importa onde ela fica, ela vai sempre mandar imagem de tudo aqui. É como se fosse uma haste com uma bolinha na ponta, como se a lente fosse esférica. Essas imagens são passadas para os telões.

497) *Nesse telão, vocês nos veem em corpo carnal ou perispiritual?*

R.: Nas duas formas.

498) *Quando vocês assistem às reuniões lá na Florescer, veem também os irmãos desencarnados presentes?*

R.: Vemos todos vocês, encarnados e desencarnados.

499) *Deve ser difícil nos reconhecer, em face da grande quantidade de irmãos presentes.*

R.: Não. Não é não.

500) *Vai demorar muito para que tenhamos um telão igual ao que vocês têm lá, funcionando aqui? Falo isto porque, a partir do momento em que vocês produzem fenômenos físicos, talvez consigam fazer um telão para visualizarmos algumas coisas.*

R.: Para verem o que se passa lá? Não dá para fazer isso. Espere sentado!

501) *Assim como assistem às nossas reuniões, logicamente assistem também às de outros grupos espíritas, não é?*

R.: Sim, assistimos.

502) *O que sentem os irmãos desencarnados, vindos da Florescer para as nossas reuniões doutrinárias, ao ouvirem as músicas que são tocadas para Toulouse pintar?*

R.: Eles gostam.

503) *E por falar em Toulouse, como aparecem, na Florescer, Karroiz e Toulouse? Quais as suas aparências? (Karroiz e Toulouse são duas encarnações de um mesmo Espírito, que se apresenta sob as duas formas, dependendo da necessidade do trabalho.)*

R.: Vemos Toulouse e, às vezes, Karroiz. Karroiz parece um daqueles bonecos de cera que se põe uma vela acesa por dentro. Quando ele abre a boca, parece que tem uma lanterna acesa lá dentro. Parece um abajur.

504) *Nas nossas reuniões abertas (reuniões em que Toulouse trabalha com pintura), alguns médiuns videntes veem Toulouse. Você vê Toulouse como eles?*

R.: Sim, mas tem uma coisa: quando alguém diz ver Toulouse de chapéu e roupas pretas, engana-se! Na verdade, a roupa é azul-marinho. O preto não é cor, é ausência de cor, assim como o branco é a união de todas as cores. Vocês já não sabiam disso?

505) *Podem os Espíritos que estão do lado de fora de nossas reuniões nos acompanharem quando saímos?*

R.: Sim. Quando alguém demonstra medo, esses pensamentos fazem com que eles os sigam.

"Nossas emoções, pensamentos e atos são elementos dinâmicos de indução."

Emmanuel

506) *Mesmo se estivermos equilibrados?*

R.: Quando estão bem, nada pega. Mas quando estão mal, correm o risco.

507) *O nosso informativo é lido na Colônia por outras pessoas ou só pelos que estão ligados diretamente ao nosso Grupo?*

R.: É lido mais pelo pessoal ligado ao Grupo, mas por curiosidade.

508) *Quem está a seu lado e quer falar?*

R.: É o Bernardo. Ele está aqui esperando.

509) *Ele está bem? Quase não tem aparecido...*

R.: Ele não está nervoso não. Vimos você chorando e depois ele brincou com você, não foi? *(Referindo-se a uma integrante do Grupo.)*

510) *Sabemos que o Bernardo tem uma data limite para poder vir aqui, não é? Depois não vai poder mais vir e vamos ficar com saudade dele...*

R.: É, vão.

511) *Fale-nos sobre as nossas reuniões doutrinárias (reuniões abertas).*

R.: *(Ri.)* Muita gente não acredita, não é? Não adianta eu chegar aqui na reunião ou até mesmo Emmanuel ou Toulouse, porque tem muita gente que não acredita, que nem precisava estar aqui. Por isso, é necessário morrer para nascer de novo.

512) *Nosso irmão Toulouse permitiu uma demonstração de fenômenos físicos em nossa última reunião doutrinária, na qual você participou através do seu médium. Teve muita gente que não acreditou?*

R.: Um bom grupo não acreditou.

513) *E o que você acha dessas demonstrações? São válidas?*

R.: Vocês não têm que provar nada a ninguém. Já disseram isso a vocês. Dá vontade de pegar essas pessoas que não acreditam e falar bem baixinho no ouvido delas ou "passar uma rasteira na cadeira". Só assim elas acreditariam.

514) *Cláudio, você notou que, outro dia, durante uma reunião doutrinária, uma pessoa foi fumar no banheiro?*

R.: Sim. Tive vontade de trancá-la lá, mas no momento em que ia fazer isso, ela abriu a porta. Ela ia ficar trancada!

515) *Mas se você a trancasse, provavelmente ela iria atrapalhar a reunião, pois gritaria lá trancada.*

R.: Não. Não iria não.

516) *Sabemos que muitas das perguntas feitas pelos integrantes do Grupo de Comunicação Espiritual são, certamente, intuições. Quem os intui?*

R.: Emmanuel.

517) *Fazemos algumas brincadeiras durante as nossas reuniões de estudo, para amenizar o ambiente. Vocês participam e absorvem essas brincadeiras?*

R.: Achamos graça. A hora que nós achamos mais engraçada é quando vocês vão comer. *(Referindo-se ao lanche feito pelo Grupo ao término das reuniões.)*

518) *Os participantes do Grupo têm se encontrado com frequência no plano espiritual?*

R.: Bastante.

519) *Os que vão, já saem daqui com algo estabelecido para fazer lá ou quando chegam lá é que há essa determinação?*

R.: É determinado quando chegam. Depende de como se encontram aqui encarnados. Depende de seus estados emocionais. E mesmo assim, muitas vezes, vocês estão bem aqui e quando chegam lá se assustam.

520) *E podemos nos assustar com o quê?*

R.: Vocês passam por situações novas. Nem tudo é bonito na Espiritualidade.

521) *Quando vamos até lá, vamos por vontade?*

R.: Não, por necessidade.

522) *Quem se desdobra até a Florescer, poderia se desdobrar até a Nosso Lar?*

R.: Depende das condições de cada um.

Cláudio, um grande amigo do GCE

523) *Você gosta de estar aqui?*

R.: Gosto dos dias de reunião. Sinto saudades de vocês.

524) *Você conhece todas as pessoas do Grupo?*

R.: Sim. Estou sempre participando.

525) *Você já esteve em nossas residências?*

R.: Sim, em algumas.

526) *Temos a impressão de que você vai fazer parte deste nosso trabalho por muito tempo e isto nos deixa muito felizes!*

R.: Claro. Eu adoro vocês e adoro estar aqui.

527) *Você já pode ser visto?*

R.: Sim. Emmanuel falou comigo que já posso ser visto.

528) *E alguém aqui do Grupo consegue vê-lo?*

R.: Alguém aqui me vê. Quem também me vê é a mãe do meu médium. Quando eu estou na casa dele, às vezes, preciso me esconder.

529) *O que é preciso para ver você? Ter afinidade com você?*

R.: Não precisa ter afinidade comigo, afinidade de passado, nada disso... Tem que estar na mesma sintonia que eu.

530) *E por que você se mexe tanto?*

R.: Tem um treco se mexendo aqui na minha cintura. O que é isto?

531) *É o bip do seu médium.*

R.: Podem tirá-lo, por favor?

532) *Cláudio esclareça-nos uma coisa: quem se coçou agora, você ou o médium?*

R.: Eu, Cláudio. Nós sentimos tudo. Viu como eu senti o bip?

533) *Fale-nos do nosso irmão médium que trabalha com você.*

R.: Ele guarda muita energia durante a semana para que eu possa falar e para que ele possa participar de todas as reuniões. Ele não se cansa, mas eu gasto muita energia dele, e ele não sabe. Escutei o Emmanuel falando alguma coisa sobre isso.

534) *Mas o médium se recupera com descanso e alimentação, não é isso?*

R.: É, mas ele é muito agitado. Ele não descansa e não se alimenta o suficiente. Ele é jovem.

"Envergando a toga de médiuns atuantes, a disciplina imposta a nós mesmos precisará ser mais forte, porque canais de divulgação e comunicação, necessariamente, têm que se manter limpos e prontos a essas dilatações em níveis de amor, respeito, fé e equilíbrio moral."

Emmanuel

535) *Como podemos ajudá-lo? Ele é mesmo muito agitado.*

R.: Ele tem que parar de fumar. Pela saúde dele, não por mim.

536) *O que você desejaria dizer a ele?*

R.: Agora ele está bem. Mandem um abraço para ele. Gosto muito dele.

537) *Você consegue conversar com ele?*

R.: Ele agora me ouve. Ele trabalhou bastante durante esta semana e me ouvir foi um presente pelo esforço.

538) *Ouve sonora ou mentalmente?*

R.: Sonoramente. Eu falo ao ouvido dele e ele conversa comigo. Falo com ele porque estou sempre a seu lado nas minhas horas vagas.

539) *É, você acompanha bastante o seu médium. Por quê? É curiosidade, saudade, ajuda, necessidade de trabalho ou o quê?*

R.: Eu tenho um trabalho a desenvolver, e é junto dele. É do lado dele que eu tenho que ficar.

540) *Já que está sempre com ele e ele o escuta, vocês conversam muito?*

R.: Às vezes, converso com ele. Converso mais quando ele está sozinho, ou quando está com poucas pessoas e pode me dar um pouco mais de atenção.

541) *Sobre o que conversam?*
R.: Eu converso com ele sobre tudo.

542) *Você dá conselhos a ele?*
R.: Dou, mas às vezes ele não me escuta.

543) *Por que ele é médium de psicofonia* inconsciente?*
R.: Porque entrou de repente para o Grupo. Ainda não sabe muita coisa sobre o Espiritismo. Ele lê bastante, mas, perto de vocês, não sabe nada! Na inconsciência, ele é preservado. Não interfere.

544) *Por que tirou o relógio dele quando começou a atuar?*
R.: Fica mais fácil passar meus pensamentos, minha fala e minha energia em geral para ele. O metal interrompe.

545) *Por que o seu médium gosta de sentar-se ao lado desta irmã? (Referindo-se à coordenadora do Grupo de Comunicação Espiritual.).*
R.: Sente-se mais seguro.

---

* Existem vários tipos de processo psicofônico, como também vários tipos de mediunidade, que são: psicofonia através dos médiuns conscientes, semiconscientes, inconscientes e extraconscientes.

Neste caso o médium através do qual Cláudio pode se comunicar é inconsciente; por isso, não tem condições suficientes para possibilitar um processo limpo, sendo assim colocado em corpo espiritual, totalmente afastado do seu corpo físico, para facilitar maior integralidade do espírito comunicante. (*N. da A.*)

546) *Quando terminar a nossa reunião, você vai ficar sozinho ou vai acompanhar o seu médium?*

R.: Vou acompanhá-lo.

547) *Cláudio, sinto um cheiro estranho. Parece pólvora. Que cheiro é esse?*

R.: É cânfora. Vocês vão sentir sempre esse cheiro. Tem muita gente sendo tratada neste ambiente. Isto aqui é um hospital. *(Referindo-se ao fato de o local das reuniões do GCE ser um pronto-socorro espiritual.)*

548) *Por que algumas pessoas sentem sono quando você aparece? Sentem como se estivessem saindo do corpo?*

R.: Acho que é a minha emanação. Deixo todo mundo com sono? *(Brinca.)* São muitas energias no local. Não quer, necessariamente, dizer que um Espírito em especial seja o causador do sono.

549) *Por que está sorrindo?*

R.: Vocês estão querendo comer, não é? Está todo mundo com a barriga roncando...

550) *Ainda não o vimos ajeitar os cabelos hoje. Você os cortou? (Referindo-se às brincadeiras que o Grupo faz por achar engraçado quando Cláudio coloca os cabelos longos para trás da orelha, enquanto o médium usa os cabelos muito curtos).*

R.: Não, prendi.

551) *Com que você prendeu?*

R.: Foi com um negócio que eu achei numa planta. Parece barbante.

552) *Seu cabelo permaneceu igual depois do desencarne?*

R.: Não. Meu cabelo agora está comprido, caindo no rosto, e aqui eu usava cabelos curtos. Depende da individualidade.

553) *O que você diria para os que estão envolvidos neste trabalho?*

R.: Vocês não sabem o tamanho e a proporção do trabalho que estão fazendo. Não sabem até onde estão chegando. Para terem uma ideia, vocês estão incomodando muita gente.

554) *Vocês podem definir o que sentem nos olhando, pessoas cheias de egoísmos e vaidades? Sentem pena, tristeza ou o quê?*

R.: Sentimos um amor muito grande por vocês, uma compreensão muito grande por aquilo que vocês sentem, porque já passamos por tudo isso também. Vocês vão entender tudo isso que estou falando um dia.

> "O querer crer que podemos realizar o bem em muitos aspectos deverá ser um grande exercício a que consigamos articular, principalmente dentro de nós, beneficiando e orientando nosso Espírito a cada segundo de vida."
>
> *Henrique Karroiz*

555) *É muito importante para nós ouvirmos Espíritos como você, passando tanta coisa boa. O que falta ao ser humano*

para conseguir entender que a finalidade da vida é exatamente instrução espírita, não é?

R.: É por isso que eu sempre digo para vocês aproveitarem todos os momentos aqui, estudarem para não ficarem perdidos, como eu fiquei. Deem importância a esses ensinamentos, que são fundamentais para vocês. Dias de estudo, de força de vontade, de treinamentos... Todos têm seu merecimento, sua luz no fim do túnel, e basta querer alcançá-la.

"Quem estuda para ajudar a outrem com o facho do conhecimento, invariavelmente alcançará o aprendizado."

Emmanuel

A transição

"Todos temos etapas a serem vencidas, e Cláudio usufruiu de algum tempo de exercício e aprendizado na Colônia Florescer.

Quando os instrutores acharam que já se encontrava habilitado a prosseguir, encaminharam-no a um projeto, já ansiado por ele. Iria se transferir para a Colônia Nosso Lar e prestar auxílio a grupos de almas sofridas, nos vastos campos umbralinos do Vale dos Suicidas.

Mas a essa nova mudança Cláudio pensa que irá se afastar do Grupo, mas esse afastamento é temporário e logo recebe instruções de, novamente, retornar, o que muito o alegra.

Conta, hoje, com a orientação do instrutor Ayrton, de Nosso Lar, e faz um trabalho mais sério, o que o transformou bastante, deixando-o cada vez mais compenetrado e firme em suas atitudes, porém ainda deixando entrever, em vários momentos, os seus lapsos de carinho e sensibilidade, principalmente quando, amiúde, conversa com todos do Grupo de Comunicação Espiritual.

Devemos somente agradecer a Deus essas oportunidades e aproveitar para ampliar nossos conhecimentos e enfocar a vida espiritual de outra forma."

Henrique Karroiz

Cláudio deixa a Florescer e tem que se afastar do Grupo

556) *Sabemos que você, agora, vai trabalhar e se mudar para outra Colônia. Isto significa que não teremos mais você aqui conosco?*

R.: É. Eu queria agradecer a vocês por tudo que fizeram por mim. Vocês sabem... Está difícil falar. Eu estou aqui, agora, por causa de vocês. Vocês sabem disso, vocês têm ciência da importância do trabalho de vocês, não só em Petrópolis, não só no Rio de Janeiro, mas em todos os lugares do mundo. Eu queria agradecer a vocês, porque tenho que ir embora, não posso ficar mais tempo.

557) *Você nos ajudou muito mais do que nós a você, pode ter certeza. Você deu essa oportunidade ao Grupo e nós o massacramos, perguntamos, perguntamos, perguntamos, e essas perguntas vão resultar num livro.*

R.: E vocês me deram a oportunidade de me achar, de saber quem eu sou, de saber onde estou... Vocês não me massacraram, não. Sabem quantas perguntas me fizeram? Mais de quinhentas.

558) *Você nos esclareceu muitas coisas, deu-nos aulas, ensinou-nos mesmo. Foi um ambiente muito bom de confraternização. Só temos a agradecer. Sabemos que vai para uma Colônia melhor, que a sua bagagem aumentou, e que colaboramos um pouquinho, mas tudo conduzido pela Espiritualidade. Vamos sentir saudade de você, mas quem sabe um dia nos*

encontraremos em outro plano. Vai estar a par do nosso trabalho em sua nova colônia?

R.: Claro. Todas estão acompanhando.

559) *Então vai ser bom para você e ruim para nós, não é? Continuará nos vendo e nós não poderemos mais conversar com você...*

R.: Eu vou ver vocês todo dia.

560) *Cláudio, você está apto a sair da Florescer, mas se quisesse permanecer lá, trabalhando e vivendo, você poderia?*

R.: Sim, poderia.

561) *Para que Colônia está indo?*

R.: Nosso Lar.

562) *Agora, em Nosso Lar, se quiser, poderá visitar amigos que fez na Florescer?*

R.: Posso visitá-los, e farei isso.

563) *Mas os que permanecem lá não podem visitá-lo em Nosso Lar, não é?*

R.: Não, não podem.

564) *O tempo que você demora para vir até aqui vindo da Florescer é o mesmo tempo que leva para vir da Nosso Lar?*

R.: É. E é o mesmo tempo que eu demoro para ir até a Rússia, por exemplo.

565) *Com o que vai trabalhar lá?*

R.: Eu agora vou fazer parte de uma equipe de resgate do Umbral. Nós vamos muito fundo, vemos muita coisa ruim.

566) *Qual é a sua sensação com essa mudança toda? Está feliz? Assustado?*

R.: Muito feliz. Vocês não podem imaginar o quanto. Vocês não têm noção, ainda, do nosso sentimento de emoção, que é muito diferente do sentimento terreno. São duas coisas completamente diferentes, mas um dia vocês vão entender. Tomara que seja bem longe de hoje.

567) *Tudo bem que você vai trabalhar e morar em outra Colônia e não vai mais poder falar conosco, mas ainda queima umas lâmpadas e mexe em uns CDs de vez em quando, como sempre fez?*

R.: Não vou parar de fazer minhas brincadeiras.

568) *Você ainda volta hoje para a Florescer ou já vai direto daqui para Nosso Lar?*

R.: Já vou para Nosso Lar. Quando o Ayrton for, eu vou com ele. *(Ayrton é o instrutor de Cláudio na Nosso Lar.)*

569) *Há um trabalho de adaptação a essa nova vida? Alguém vai lhe ajudar nessa transição?*

R.: É trabalhado por mim mesmo. Ninguém me ajuda com isso. Tenho livre-arbítrio para pensar a esse respeito. Tenho que dominar meus próprios sentimentos e, uma vez que me ofereci, tenho que seguir adiante, pois não podemos voltar atrás, não regredimos.

"O pensamento na criatura é a sua forma mais exata de expressão. Vem conjugado com os seus sentimentos, com a sua lógica de vida, com o seu caráter e moral."

Emmanuel

570) *Mesmo considerando que foi uma escolha, que você tem seu livre-arbítrio, deve ser difícil abandonar o que já estava acostumado, abandonar sentimentos...*

R.: Não é abandonar sentimentos, é abandonar o plano a que estou acostumado. Não esquecemos totalmente. Eu não vou mais vir aqui, mas vou saber tudo o que se passa aqui com vocês, portanto, não falem mal de mim, hein? *(Brinca.)*

571) *Você vai trabalhar participando de resgates no Umbral. Já tem ideia do que fará? De como será?*

R.: Já acompanhei um resgate.

572) *As equipes são chefiadas?*

R.: Sim, temos um chefe. A minha equipe é chefiada pelo meu instrutor, Ayrton.

573) *E essa equipe é formada por quantas pessoas?*

R.: Dez pessoas.

574) *Existem mulheres na equipe?*

R.: Sim. Existem, mas são bem poucas.

575) *Você disse que já participou de um resgate. Quantos Espíritos resgataram nessa missão?*

R.: Três.

576) *Vocês mantêm uma comunicação constante com a Colônia enquanto estão resgatando? Mandam mensagens em es-*

pécies de rádios sobre o andamento dos resgates para a Colônia?

R.: Mandamos, mas não é por rádio, é pela mente.

577) *Então, Cláudio, tchau, e fica com Deus. Sentiremos saudade!*

R.: Eu estou superfeliz de ir porque sei o que vai acontecer, sei que vou progredir, mas, ao mesmo tempo, estou triste. Não estou contente de ter que deixar vocês. Eu gosto daqui, vocês sabem disso. Vocês sabem melhor do que eu que, sempre que tinha uma brechinha, eu vinha correndo.

> "A saudade é a porta fechada, mas que por uma pequena brecha de luz nos mantém fixamente voltados a ela."
>
> *Emmanuel*

Cláudio recebe permissão para voltar ao convívio com o Grupo

578) *Seja bem-vindo outra vez, Cláudio! Soubemos que, mesmo desenvolvendo um novo trabalho, em outro lugar, você recebeu permissão para continuar vindo até aqui. Vai poder continuar conosco, e estamos muito felizes com isso.*

R.: É. Vou continuar fazendo parte deste trabalho.

579) *Então, você não vai reencarnar já?*

R.: Nem tão cedo.

580) *Tudo bem na Nosso Lar?*
R.: Tudo bem.

581) *Cláudio, qual a principal diferença, para você, entre a Florescer e a Nosso Lar?*
R.: Com certeza, o tamanho.

582) *Qual o tamanho da Colônia Nosso Lar?*
R.: Três vezes o tamanho do estado do Rio de Janeiro.

583) *Você nos parece mais sério.*
R.: É o novo trabalho. É muito intenso, muito sério e muito difícil.

O trabalho

584) *Como vai? Trabalhando muito?*
R.: Estou bem. Trabalhando muito.

585) *Não tem nem tempo de se lembrar de nós. (Brinca um membro do Grupo.)*
R.: Estou sempre perto de vocês.

586) *Seu trabalho deve ser muito difícil, não?*
R.: Meu trabalho, às vezes, é meio complicado, pois é difícil nos aproximarmos de alguém e sermos bem-recebidos. São lugares feios, com muita lama, mal-cheirosos, com pessoas estranhas, muitas delas gritando. Existem algumas fotos do inferno no livro *A Divina Comédia*, de Dante, que vocês deveriam ver. É bem-complicado trabalhar por lá, é esquisito.

"Lidaremos em planos espirituais de acordo com o que tivermos assimilado na última vida, por termos tido oportunidade de exercitar um pouco mais de nós mesmos e de nossas problemáticas, dificuldades, valores e fatores positivos e negativos, tentando libertar-nos de negatividades e lacunas."

Henrique Karroiz

587) *E você gosta desse trabalho?*

R.: É um trabalho que muita gente não gosta de fazer, mas eu gosto. É sempre bom ajudar as pessoas. É bom porque vemos os dois lados da moeda. Lembram-se de quando me perguntaram sobre bônus-hora? Agora eu recebo!

588) *Vocês têm algum tipo de identificação quando vão para o Vale dos Suicidas?*

R.: Sim, usamos crachás.

589) *Quando vocês vão ao Vale dos Suicidas, vão sabendo de antemão quais Espíritos vão trazer, quais os que estão em condições de serem ajudados ou lá é que vocês veem os que estão em situação de serem ajudados?*

R.: Sabemos quem vamos pegar, quem está em condições, quem não está, quem não adianta nem chegar perto e de quem podemos nos aproximar.

590) *Você continua andando descalço mesmo trabalhando no Vale dos Suicidas?*

R.: Continuo. Às vezes, eu coloco uma bota, mas aperta. Eu não gosto.

591) *Descreva-nos o seu trabalho no Vale dos Suicidas.*

R.: O nosso grupo de resgate tem um chefe e instrutor principal, como já disse, e mais dez elementos. Todo dia, toda hora, a equipe vai lá... Eu não gosto de falar o nome daquele lugar... Tentar conversar com as pessoas que vemos, que estão tentando se apegar a coisas mais concretas ou que tentam se aproximar mais de nós. Mas, frequentemente, somos recebidos com pedradas, cusparadas, xingamentos. É barra de se ver.

"As provas são atenções maiores que nos prestam os auxiliares de Jesus, pois, realmente, quando as dão, é porque já temos condições de nos defrontarmos com elas e, já as tendo, podemos galgar nosso degrau evolutivo com mais força e discernimento."

Emmanuel

592) *Quantas criaturas vocês conseguem arrebanhar e trazer com vocês, geralmente?*

R.: A cada vez que a equipe vai, conseguimos trazer uns quatro ou cinco.

593) *Até agora o que mais o tocou?*

R.: Eu tenho tentado conversar com uma mulher jovem que se atirou de um edifício com o filho no colo, mas ela é muito ríspida, muito agressiva, embora o filho esteja bem. Está meio perdida, meio entalada, mas continua com a dor de mãe de ter perdido o filho. Ela quer ver o filho a toda hora e ele também sente falta dela. Qualquer relacionamento entre mãe e filho eu gosto de assistir de perto, porque é a única coisa que me deixaram. Uma das coisas que eu consigo lembrar, ainda um pouco melhor, é o meu relacionamento com a minha mãe.

594) *O que mais o marcou?*

R.: Marcou-me muito o irmão suicida que o GCE está ajudando. Marcou pelo jeito que eu o vi pela primeira vez e pelo modo como se encontra agora.

595) *Ele ainda precisa de cuidados, mas o que vai ser feito por esse irmão após o seu tratamento?*

R.: O tratamento dele ainda vai demorar um pouco e, aí, ele vai para uma colônia especializada, situada acima de São Paulo.

Deixe-me dizer um pouco sobre o irmão a que nos referimos: ele acaba de sair, digamos assim, de um cenário de pavor para um local de reconhecimento. Evidentemente que nós não nos modificamos de uma hora para outra, e precisamos absorver essa transformação. Se bem que, em Espírito, nós a absorvemos mais rapidamente. Ele está tendo um desenvolvimento muito grande, que, para vocês que estão encarnados, se torna gritante. Ele está perturbado, mas não desprovido de inteligência. Tem perspicácia e capta exatamente aquilo de que precisa. Embora lento o seu tratamento, ele pode sobrepujar isso rapidamente. Ele deve muito, muito. Tudo o que ele podia fazer de pior enquanto encarnado, ele fez. Houve muita coisa precedente ao suicídio, muita.

"Estamos nessa luta a milhares de anos, e tantas vezes as criaturas não a entendem e não a querem suportar. Daí os desvarios, as tormentas e os suicídios. Nossos Espíritos ficam aturdidos, nossas almas, afetadas."

Oswaldo Cruz

596) *Ele era muito jovem! (Desencarnou com cerca de 15 anos.)*

R.: Eu também era novo, e nunca fiz nada disso.

597) *Pode nos dizer o nome da Colônia para onde ele vai?*

R.: Não sei.

598) *Quando ele chegou aqui, vocês sabiam o que tinha acontecido com ele?*

R.: Espíritos mais evoluídos têm a percepção do que ocorre aos menos evoluídos. O aspecto também denuncia.

"Atuarmos no mundo espiritual é mais difícil do que no campo físico, pois não burlaremos ninguém, seremos retratos perfeitos do que somos e pensamos."

Henrique Karroiz

599) *Pode nos responder a algumas coisas sobre o Vale, sobre suicidas, Umbral, essas coisas?*

R.: Claro.

600) *Um Espírito inferior pode levar uma pessoa encarnada a cometer suicídio?*

R.: Claro que pode.

601) *E, nesse caso, quando a pessoa que se suicidou chega ao Vale dos Suicidas, encontra o Espírito que a fez se suicidar?*

R.: Encontra, e ele a chama de covarde. As palavras lá não são muito bonitas.

602) *Mas essa pessoa que foi induzida a se suicidar deveria mesmo ir para o Vale dos Suicidas?*

R.: Sim. Ela cometeu suicídio conscientemente, independente da obsessão. Ela teve o livre-arbítrio para decidir se suicidar ou não.

> "Quanto custará a nossa liberdade espiritual a ser comungada pela eternidade sem remorsos ou ainda retendo em nossa mente alinhavos que ficaram sob dúvidas e dificuldades no manuseio conosco mesmos e com irmãos de convivências íntimas ou sociais?"
>
> *Henrique Karroiz*

603) *E quando a criatura está em estado de loucura, encarnada? Ela é considerada suicida inconsciente?*

R.: Isso é exatamente o que diferencia um suicida inconsciente de um suicida consciente.

604) *Existem áreas de Umbral aqui na Terra?*

R.: Sim, e geralmente são áreas muito bonitas.

605) *Por quê?*

R.: Para compensar, para elevar bons pensamentos.

"Guardamos tudo na casa mental, ou seja, no retrato de nossas mentes, onde se processam as múltiplas mesclagens de energia, variando, naturalmente, diante daquilo que gostamos ou do que, por força de uma imposição maior, se interpõe entre nossa vontade e nossa fragilidade ou mesmo instabilidade mental."

Henrique Karroiz

606) *Mas, certamente, os Espíritos que estão lá não veem toda essa beleza, não é?*

R.: Não. Trata-se de uma outra dimensão. Suas formações mentais formam o ambiente em que vivem. Estão lá por uma afinidade mental com aquele ambiente.

"O homem vive no seio das criações mentais a que dá origem."

Emmanuel

607) *Os Espíritos que estão no Umbral continuam muito ligados à matéria, não?*

R.: Demais. O Espírito fica preso ao corpo, sentindo o que se passa com aquele corpo que julga ainda ser seu, e isso porque ainda tem muito fluido vital. Ninguém tem o direito de tirar a própria vida. Vocês estão aqui para cumprir algo a que se propuseram, que foi mostrado a vocês, e vocês aceitaram.

"As lições que a vida nos dá são as leis kármicas a atingirem o âmago dos que ficaram presos nos liames de suas próprias teias."

Emmanuel

608) *Existem aves de rapina no Umbral?*

R.: Existem urubus, íbis...

609) *Se o Vale dos Suicidas fica no Umbral, então o Umbral é dividido em diversas áreas?*

R.: Sim, são diversas zonas.

610) *E todas essas zonas têm nomes específicos?*

R.: Elas começam como zona A, zona B, zona C e assim até a zona Z. Depois, têm as zonas A1, B1, C1 e por aí em diante. A mais baixa que eu já estive foi a zona M424, mas existem mais baixas. Elas são classificadas por escala e não por altura. Essas coisas estão me impressionando muito, mas é o que tenho que fazer. Vocês sabiam que existem Espíritos tão atrasados, tão inferiores que tomam formas de animais, de árvores? Isso acontece na subcrosta. Alguns têm os pés como se fossem patas, unhas bem-compridas. Os olhos, as pupilas não são redondas feito a de vocês, são retas como as de um gato ou uma cobra. Isso me assusta também, eu não gosto de ver isso, mas existe. Não pensem que é só em filmes. Claro que só acontece isso nas zonas mais baixas. Eu já vi alguns Espíritos nesse estado.

611) *E, nesses lugares, esses Espíritos reencarnam?*

R.: Não. Engraçado, eu já ouvi vocês falarem assim: "Nossa, ele ficou no Vale dos Suicidas por dez, 15 anos. Quanto tempo!" Existem Espíritos que estão lá há 5 mil anos, 6 mil anos. Vocês têm esses relatos em livros. São atrasados, não largam o que sentem, não sabem o que é fé, são enraizados.

> "A fé é nossa emancipação; revela-nos, enleva-nos e nos usurpa do irreal trazendo a firmeza e a verdadeira concepção de vida."
>
> *Emmanuel*

612) *Todos os que se encontram no Umbral estão muito perturbados para sair ou existem outros que estão lá porque querem?*

R.: Existem os que não dão o braço a torcer.

613) *E eles podem muito bem se passar por um de vocês, perante os que não têm nenhum tipo de mediunidade?*

R.: Podem.

614) *E o que podemos fazer para não sermos ludibriados?*

R.: Nada. Mas prestem sempre muita atenção, um Espírito inferior não consegue se esconder por muito tempo. Tem um ditado que diz: "Filho de burro pode ser lindo, mas um dia vai dar um coice."

"Cláudio continua nos esclarecendo muito, sempre disposto, bem-humorado e paciente, dentro de um ambiente de confraternização e amizade.

Todo o Grupo de Comunicação Espiritual pode sentir que sua bagagem espiritual cresce, e entendendo isso ficamos mais agradecidos ainda por todas estas elucidações que nos traz, todo esse sentimento de carinho e de apoio, dando-nos uma força maior para a continuidade de nosso trabalho.

Um Espírito ainda novo nas experiências de campos espirituais, mas muito encontrado consigo mesmo, muito firme e consciente. Nada mais justo que ele parta sempre em direção a uma evolução maior.

Pedimos a Deus que, cada vez mais, ele se ilumine e possa projetar essa luz a todos os carentes e necessitados.

Somos muito gratos, grande amigo Cláudio, pela oportunidade de termos você por perto."

Grupo de Comunicação Espiritual

Grupo de Comunicação Espiritual
Rua Padre Moreira, 155 e 163
Valparaíso – Petrópolis/RJ
(24) 2249-2525 / (24) 2242-1648

http://www.gce.org.br
e-mail: gce@gce.org.br

Este livro foi composto na tipologia NewBaskerville BT,
em corpo 11/15,5, e impresso em papel off-white 80g/m²
no Sistema Cameron da Divisão Gráfica
da Distribuidora Record.